Benserade

VERS
DV
BALLET
ROYAL
DANSÉ
PAR LEVRS MAIESTEZ
entre les Actes de la grande Tragedie
De l'HERCVLE AMOVREVX.

*Auec la Traduction du Prologue , & des
Argumens de chaque Acte.*

benserade

A PARIS,
Par ROBERT BALLARD, seul Imprimeur du Roy
pour la Musique.

M. DC. LXII.
Auec Priuilege de sa Majesté. Yf 994

PROLOGVE.

Es premiers Empe-reurs, furent de Ro-me, & de l'Italie; Il y en euſt apres qui ti-rerent leur Origine de la Grece & de l'A-ſie, quoy que quel-ques-vns d'eux euſ-ſent pris naiſſance en Italie : Et ceux là par l'Election de Nerua établire nt l'vſa-ge de les choiſir dans leur Nation. En-ſuitte dequoy M. Vulpius Trajanus en-uoya regner dans les Prouinces & Royau-mes de l'obeiſſance des Romains tou-tes les grandes Familles de la Grece & de

A ij

l'Afie, defquelles (comme d'autant de tef-
tes couronnées) Claudian dit, en parlant
du quatriefme Confulat de l'Empereur
Honorius,

Nec nuper cognita Marti,
VVLPIA progenies & quæ diademata Mundo
fparfit. &c.

De l'vne de ces Familles eft fortie la Roya-
le Maifon de France , qui dans le cours
de la Monarchie Romaine s'eft trouuée
vnie de parenté & d'aliance auec plufieurs
& diuerfes Familles Imperiales, & à elle
mefme efté plus d'vne fois adoptée à l'Em-
pire,ce qui à fait dire qu'elle eftoit née dãs
la Pourpre, & qu'elle auoit eu le Berceau
des Cefars, ayant joüy de leurs honneurs
& de leurs prérogatiues : d'ou vient que
les plus anciens Roys de France s'appel-
loient Roys d'origine, & prenoient ces
grands Noms de Palladiens, Mineruiens,
& Bafiliens, qui fentoient l'Empire & la
gloire de l'adoption. De ce mefme rang
furent ces Familles. La Giulia, l'Oitauia,

la Coccia de Nerua, la Vulpia de Traja-
nus, la Flauia de Vespasianus, la Quinti-
lia, la Vitellia, l'Aurelia, la Constanza, l'A-
mala, la Claudia, la Domitia, l'Annia, ou
Ceionia, la Settimia de Lucius Septimius
Scuerus, la Vipsannia, la Gordiona, la
Calfurnia, &c. dont les sept dernieres ont
porté & soûmis à celle de France des Na-
tions & des Estats qui estoient sous leur
puissance : Et comme elles ont contracté
entre'elles diuerses alliances, il semble que
quelques-vnes sont sorties de la mesme
Tige, ce qui se prouue par les authoritez,
les statuës, les vielles inscriptions, les Me-
dailles, les Monnoyes d'or de France con-
frontées aux mysterieux ornemens qui se
voyent encore dans les anciennes Eglises,
& autres vieux edifices de Paris & du
Royaume, qui ont esté bastis sous la
conduite des plus sçauans Hommes de
leur Siecle. Ce que l'on verra plus am-
plement dans cette Royale Genealogie,
composée par le Sieur Camillo Lilij. De

toutes ces Illustres Familles, voicy celles
qui non sans raison ont esté choisies pour
representer l'Origine de la Maison de
France.

La Giulia.	La Trajana.
La Claudia.	La Gordiana.
La Domitia.	La Calfurnia
La Vipsannia.	L'Amala.
La Costonza ou Flauia.	La Marina, ou di Ca-
La Ceionia ou Cesonia.	stino Marino.
L'Aurelia.	La Quintilia.
La Valeria.	L'Austriaca.

Les idées de ces Familles Imperiales
accompagnent la Maison de France, &
brillent toutes ensemble dans le fonds
du premier Ciel, auec l'Amour & l'Hy-
menée qui les ont vnies. Le Theatre re-
presente des Rochers aux deux costez,
& dans le fonds vne Mer en esloigne-
ment: Diane apres les loüanges deuës à
tant de pompe, & à tant de Majesté, les
conuie à descendre là, pour y faire hon-
neur aux Nopces Royales, en s'humi-

liant deuant la Reyne Mere, & rendant
à sa personne ce qu'on doit à la source,
& au principe du Couple Auguste. De
là elle ordonne qu'Hercule Amoureux
paroisse sur la Scene, comme la Figure
du Grand Monarque, pour y estre ma-
rié à la Beavte', en suite de ses Tra-
uaux & de ses Triomphes. Cette diui-
ne Troupe ayant dansé s'en retourne
dans la mesme Machine, cependant que
quatorze Fleuues qui arousent les Estats,
lesquels ont esté ou sont encore sous la
domination de la France, applaudissent
aux louanges, à la Paix, & au Mariage,
& finissent le Prologue auec l'admira-
tion des Felicitez de ce Grand Estat, ar-
riuées à leur comble par la Naissance de
Monseigneur le Dauphin.

PREMIERE ENTRE'E.

LE ROY *repreſentant la Maiſon de France.*
La Valeur, inſeparable de la Maiſon de France,
repreſentée par le Comte de S. Aignan,
qui ſuit ſa Majeſté, & luy dit :

DEs Royales Vertus Grande *& noble demeure,*
Ie me ſuis attachée à vous de ſi bonne heure,
Que dans vos glorieux & penibles explois
I'ay ſuiuy pas à pas vos jeunes Deſtinées,
Et c'eſt pour ce ſujet qu'on a dit tant de fois,
La Valeur n'attend pas le nombre des années.

II. ENTRE'E

LE ROY, *la Maiſon de France.*
LA REINE, *la Maiſon d'Auſtriche.*
MONSIEVR, l'*Hymen.* Monſieur le Duc, *l'Amour.*
Mademoiſelle.
Meſdemoiſelles d'Alençon, & de Valois
Les Comteſſes de Soiſſons, & d'Armagnac.
Meſdemoiſelles de Nemours, & d'Aumale.
Les Ducheſſes de Luines, de Sully, & de Crequy.
La Comteſſe de Guiche.
Meſdemoiſelles de Rohan, de Mortemar,
& Des-Autels, *toutes repreſentant*
des Familles Imperiales.

Pour

POVR LEVRS MAIESTEZ,
representant les Maisons de France,
& d'Austriche.

DEux puissantes Maisons *pour qui tout se partage*,
Les armes à la main s'entre-poussoient à bout,
Mais l'Amour, & l'Hymen ont pacifié tout,
Et de ces deux Maisons ne font plus qu'vn Mesnage.

Leur Eloge se mesle, & l'on prise à tel point
L'Auguste Majesté du nœu qui les assemble,
Qu'on ne sçauroit faillir de les loüer ensemble
Pour ne pas separer ce que le Ciel a joint.

Maisons, que l'Vniuers a toûjours adorées,
En suitte d'vn lien si charmant & si doux,
Que d'Heureuses Grandeurs vont sortir de chez vous,
Et respondre aux Grandeurs qui chez vous sont entrées.

B

Deſ-ja ce beau Dauphin *nous eſt en arriuant*
Le preſage aſſeuré d'vne longue bonace,
Deſ-ja *quoy que de loin, ſa Naiſſance menace*
D'vn furieux débris les coſtes du Leuant.

Il faut que l'Art s'eſleue au deſſus de ſes Regles,
Pour dire de vous deux les charmes acomplis,
L'vne a plus de blancheur que n'en ont tous vos
    Lys,
L'autre a plus de fierté que n'en ont tous vos
    Aigles.

Pour MONSIEVR, *repreſentant l'Hymen.*

SAns faire icy conteſter
  La Fable auecque l'Hiſtoire,
Dire qu'Hymen eſt blond cela ne ſe peut croire,
Il eſt fait comme vn Ange, on n'en ſçauroit douter,
Mais c'eſt comme vn bel Ange à cheuelure noire:
Ce doux Charmeur par qui tout le monde eſt lié,
Luy-meſme à ſon profit ne s'eſt pas oublié,
    Les Dieux ſont ce que nous ſommes
    Intereſſez, amoureux,
    Et de meſme que les Hommes
    Gardent le meilleur pour eux.

Pour Monsieur le Duc, representant l'Amour.

SOrty du plus pur sang des Dieux,
Vous faites parestre en tous lieux
L'authorité que vous y donne
Vostre rang & vostre Personne:
Qui vous refuseroit ses vœux?
Vous auez des dards & des feux;
Mais pour gagner vne Maistresse,
Et dans son cœur vous faire iour,
Vous auez la grande jeunesse,
C'est vn des beaux traits de l'Amour.

Pour Mademoiselle, Famille Imperiale.

VN seul de ses diuins regars
A plus de Majesté que les douze Cesars,
Elle a beaucoup de l'air d'vne fiere Amazone
Qui marche droit au premier Throsne.

C'est l'objet des plus nobles vœux,
Si l'Hymen & l'Amour en estoient crûs tous
deux,
On n'attendroit pas moins de cette Auguste Fille
Qu'vne Imperiale Famille.

Mademoiselle d'Alençon, *Famille Imperiale.*

QVelle gloire pour vne Fille,
  Pour la Fortune quels efforts,
Si j'entre dans vne Famille,
Esgalle à celle dont ie sors!

Pour Mademoiselle de Valois, *Famille Imperiale.*

VOus égalez les plus belles Personnes,
  Vous estes née entre mille Couronnes
Dont l'éclat veut que vous le portiez haut,
Et seulement qu'il plaise à la Fortune
Que vous puißiez en auoir encor, vne,
Vous en aurez autant qu'il vous en faut.

Pour la Comtesse de Soissons, *Famille Imperiale.*

CEs aymables vainqueurs, vos yeux, ces fiers
    Romains,
Semblent n'en vouloir pas aux vulgaires Hu-
    mains,
Mais des plus esleuez permettre la souffrance,
Et ces grands cheueux noirs, alors qu'ils sont
    épars ;
Ont vn air de triomphe, & toute l'apparence
De sçauoir comme il faut enchaisner les Cesars.

Pour la Comtesse d'Armagnac, *Famille Imperiale.*

SI l'*Amour* qui peut tout sans qu'on y trouue
       à mordre,
De Femmes d'Empereurs vouloit fonder un Ordre,
Qu'il falut de beaux yeux, un tein vermeil &
       blanc,
Vne bouche adorable entre les plus parfaites,
Qui vous empescheroit de pretendre à ce rang?
N'auez vous pas des-ja toutes vos preuues faites?

L'on vous regarde icy joüer un Personnage,
Où vous eussiez n'aguere excellé dauantage,
Et vous estes moins propre à de pareils emplois
Ayant si-tost repris vostre embonpoint de fille,
Vous estiez d'une Taille au bout de vos neuf mois
A bien representer le corps d'une Famille.

Pour Mademoiselle de Nemours, *Famille Imperiale.*

CE grand air cette haute mine
    Prouue quelle est vostre origine :
Mais cette douceur qu'ont vos yeux
Est toute charmante, & respire
Ie ne sçay quoy qui vaut bien mieux
Que la Majesté de l'Empire.

B iij

Pour Mademoiſelle d'Aumale ſa ſœur,
Famille Imperiale.

VOs yeux à qui deſ-ja tant de cœurs appar-
tiennent
N'ont rien des Empereurs ces Tyrans anciens,
Sinon qu'à leur exemple on connoiſt qu'ils de-
uiennent
Grands Perſecuteurs de Chreſtiens.

Pour la Ducheſſe de Luynes, *Famille Imperiale.*

LEs Miracles ſont poßibles
A cette rare Beauté,
Dans ſes yeux doux & terribles
On voit en ſocieté
Deux choſes peu compatibles
L'Amour & la Majeſté.

Pour la Ducheſſe de Sully, *Famille Imperiale.*

LEs riches ornemens, les ſuperbes Couronnes
Ajouſtent peu de choſe à certaines Perſonnes,
Et ne pourieℤ-vous pas fort bien regner ſans eux?
Vous aueℤ une Taille, & vous aueℤ des Yeux.

Pour la Duchesse de Crequy, *Famille Imperiale.*

VOus abandonnez donc la Seine pour le Tibre?
Rome va s'enrichir aux despens de Paris?
Elle y perdra pourtant ce qu'elle auoit de libre,
Et se prendra sans doute où le reste s'est pris:
On ne peut s'échapper de cét aymable piege,
Et vous allez remettre auec vostre Beauté
L'Empire dans son premier Siege,
Mais bien plus florissant qu'il n'a jamais esté.

Pour la Comtesse de Guiche, *Famille Imperiale.*

QVoy que vôtre interest ne soit pas mon affaire,
Laissez-moy vous en dire icy mon sentiment,
Vous estes belle & jeune, aymable infiniment,
Mais vous ne faites pas ce que vous deuez faire.
Representer ainsi la Famille d'vn autre
Qu'à cette fonction d'agreable pour vous?
Et ne vous en déplaise ainsi qu'à vostre Espoux,
Seroit-ce pas mieux fait de commencer la vostre?

Pour Mademoiselle de Rohan, *Famille Imperiale.*

CEtte Belle à qui rien ne se peut comparer
En sa jeune personne a des graces diuines,
Qui peut y paruenir n'a rien à desirer,
Quelquefois sur le Throsne on est sur des épines,
Qui sera dans son cœur sera plus doucement,
Et ne laissera pas d'estre aussi noblement.

Pour Mademoiſelle de Mortemar,
Famille Imperiale.

Dieux ! à quel comble eſt-elle paruenuë !
Iamais Beauté n'eut des progrez ſi promts,
 Comme elle y va ſi cela continuë
 Ie ne ſçay pas ce que nous deuiendrons ;
  L'aymable Fille !
A tous les cœurs elle donne la Loy,
Et pour auoir vne belle Famille,
  Voïla dequoy.

Pour Mademoiſelle Des-Autels,
Famille Imperiale.

DE cette jeune Troupe en Beauté ſinguliere
On n'a pris que vous ſeule, & ce chois eſt
 bien doux ;
Ce n'eſt pas ſans raiſon qu'on peut dire de vous,
Que vous repreſentez vne Famille entiere.

ARGVMENT.

ARGVMENT

DV PREMIER ACTE.

Es deux coſtez du Theatre ſont des boccages, & l'enfoncement de la Perſpectiue eſt vn grand Païſage en éloignement qui touche au Palais Royal d'Eocalie, ou Hercule paſſionnément épris des beautez d'Yole, ſe plaint de ſa rigueur, & de l'injuſtice de l'Amour. Venus deſcend accompagnée des Graces, excuſe ſon Fils, & promet à Hercule de luy rendre le cœur d'Yole fauorable: Pour cet effet elle ordonne à ce Demy-dieu de ſe rendre dans le Iardin de Fleurs, où elle ſera deuant que le Soleil ſe couche, & de faire en ſorte qu'Yole s'y troûue. Iunon, leur commune ennemie, cachée dans vn nuage pour les écouter, ſe diſpoſe à rompre l'effet de leur entrepriſe, & court toute furieuſe vers la Grotte du Sommeil, faiſant ſortir de ce meſme nuage des Foudres & des Tempeſtes, qui forment la troiſieſme Entrée du Ballet, & terminent le premier Acte.

C

III. ENTRE'E.

Des Foudres & des Tempeftes.

Meſſieurs D'heureux, Beauchamp, Raynal,
& Delbroſſes. *Foudres.*

Les Sieurs Des-Airs, de Lorge, le Chantre,
& de Gan. *Tempeſtes.*

Pour les Foudres.

L'*Impetuoſité de la chaude vapeur*
Nous tranſit & nous charme, on l'admire,
on en tremble,
Et nous doutons encor qu'on puiſſe tout enſemble
Donner tant de plaiſir, & faire tant de peur.

ARGVMENT
DV SECOND ACTE.

LA Scene change en vne grande
cour du Palais d'Eocalie, ou Illus
& Yole s'entretenans de la paſſion
qu'ils ont l'vn pour l'autre, ſont in-
terrompus par l'arriuée d'vn Page qu'Hercule

enuoye à Yole pour la prier de se trouuer au
Iardin de Fleurs, ce qui cause vne grande ja-
lousie au pauure Illus, mais il est vn peu r'as-
suré par sa Maistresse, qui est toutefois con-
trainte d'accepter l'offre d'Hercule, & presse
Illus son fils de vouloir estre de la partie : Ils
partent ensemble pour y aller, & le Page resté
seul s'estonne en luy-mesme, & ne peut com-
prendre ce que c'est que cet Amour, qui fait
tant de bruit dans les Cours, où il est chanté
si souuent. Là dessus arriue Dejanire femme
d'Hercule, suiuie de Lycas qui s'entretient
auec le Page, & ayant tiré de sa bouche par
adresse vne plus particuliere cognoissance des
amours de son Maistre, confirme d'autant plus
Dejanire dans la jalousie qui l'a fait venir en ce
pays, & elle se plaint hautement de l'infideli-
té de son Espoux ; Lycas luy dit assez plaisam-
ment son opinion sur cette matiere, elle luy
demande conseil, & enfin ils resoluent entr'eux
de se tenir encore cachez sous les mesmes ha-
bits de paysans qu'ils auoient pris pour n'estre
point cognus, & d'attendre le temps de se dé-
couurir bien à propos. La Scene estant chan-
gée en la Grotte d 1 Sommeil, où par l'ordre de
Pasithée sa femme il se fait vn petit Concert
de Zephirs & de Ruisseaux, pour entretenir

C ij

son affoupiffement, Iunon paroift qui la prie de
trouuer bon qu'elle emmene le Sommeil pour
vn peu de temps, & qu'il ne court point for-
tune en cette occafion de defplaire à Iupiter:
Ce qui luy eftant accordé elle l'emporte dans
fon Char. Les Songes eftendus & gifans dans
la Grotte, fe releuent & font la quatriefme
Entrée du Ballet, & la fin du fecond Acte.

IV. Entre'e.
Des Songes.

Le Cheualier de Fourbin. Meffieurs Villedieu, &
D'heureux. Les Sieurs Beauchamp, Don, Desbroffes,
le Chantre, de Lorge, du Pron, de Gan, Mercier,
& la Piere. *Songes.*

Pour les Songes.

B*Elles illufions, agreables menfonges,*
Combien de vrais plaifirs nous caufez vous
icy?
L'on dit qu'il ne faut pas s'arrefter à des Songes,
Le moyen de ne pas s'arrefter à ceux-cy?

ARGVMENT
DV III. ACTE.

L E Theatre n'eſt plus qu'vn Iardin de Fleurs, Venus deſcenduë du Ciel dans ſon Char y trouue Hercule, & par le moyen de la baguette qu'elle a priſe à Circé, elle fait ſortir de terre vn ſiege d'herbes & de fleurs enchantées, & ſe retire. Yole paroiſt, Hercule la conuie de s'aſſeoir ſur ce ſiege, elle obeït, & n'y eſt pas ſi-toſt qu'elle eſt contrainte, non ſans eſtonnement, de luy auouër qu'elle a pour luy beaucoup d'inclination: Illus frappé de ce diſcours ne peut retenir ſa douleur, ce qui confirme dans le Pere le ſoupçon que le Page luy auoit deſ-ja donné, que ſon propre Fils eſtoit ſon Riual. Hercule le chaſſe, & demeure ſeul auec Yole, qui forcée par l'enchantement luy declare que non ſeulement elle l'ayme, mais qu'elle eſt toute preſte à l'eſpouſer, pourueu qu'elle en ait la permiſſion de l'Ombre de ſon pere Eutyre, qu'elle veut appaiſer par ſes prieres. Iunon paroiſt en l'air auecque le Sommeil, qui par ſes ordres ayant endormy Hercule, donne lieu à la Deeſſe d'auertir Yole de la tromperie, & apres luy auoir oſté cette impreſſion magique par l'odeur de quelques herbes, elle luy jette vn poignard, & l'exhorte à vanger la mort de ſon pere ſur la vie d'Hercule endormy. Yole r'entrée en elle-meſme, & reüenuë à ſes premiers ſentimens prend l'occaſion, & comme elle eſt ſur le point de tuër Hercule, elle en eſt empeſchée par ſon cher Illus qui luy retient le bras, & que Iunon auoit fait cacher pour eſtre teſmoin de ce qui ſe paſſeroit entre Yole & ſon Pere, lequel eſtant ſoudain reſueillé par le ſoin de Mercure, que Venus auoit employé à cela, & voyant encore dans la main de ſon Fils le poignard qu'il auoit oſté à Yole, va s'imaginer qu'il n'eſt en cette poſture que pour l'aſſaſſiner, & tout furieux il conclut ſa mort, ſans eſcouter les juſtifications d'Illus, ny les proteſtations d'Yole, encore moins les larmes de ſa femme ſuruenuë aſſez mal à propos pour rendre plus viſible le meſpris qu'il faiſoit d'elle. Yole voyant la vie de ſon Amant en danger, croit ne pouuoir prendre vn meilleur party que de promettre à Hercule de l'aymer, pourueu qu'il pardonne à ſon Fils; cette eſperance le retient, cependant il veut que Dejanire s'en re-

tourne & en attendant vn plus grand eſclairciſ-
fement il commande à ſon Fils de s'aller mettre
luy-meſme dans vne Tour qui eſt ſur la Mer. En
ſuite de ces cruels ordres, il ſort auec Yole &
laiſſe la Mere & le Fils qui déplorent leur mau-
uaiſe Fortune, & ſe plaignent de leur doulou-
reuſe ſeparation. Le Page & Lycas ſe diſent
adieu, & l'vn aprend à l'autre vne Chanſon con-
tre l'Amour qui eſt cauſe de tant de deſordres.
Les Eſprits qui ſe trouuoient vn peu reſſerrez
dans le ſiege enchanté, teſmoignent la joye
qu'ils ont de ſe voir libres, & entrans dans les
Statuës du Iardin, les animent & font la cin-
quieſme Entrée du Ballet, & la concluſion du
troiſieſme Acte.

V. ENTRE'E.

Des Statuës.

Le Marquis de Raſſan. Monſieur Coquet, Meſſieurs
Bruneau, Langlois, Tartas, Lambert, & L'Amy. Les
Sieurs Iolly les deux Des-Airs, le Noble, Noblet,
Proüaire, Des Rideaux, Des Airs le petit, & le
Grais. *Statuës*

Pour les Statuës.

Es choſes de ce monde eſtant bien debatuës,
Cecy teſmoigne aſſez que chacune a ſon tems,
Les Gens ſont quelquefois ainſi que des Statuës,
Les Statuës par fois ſont ainſi que des Gens.

ARGVMENT

DV IV. ACTE.

A Scene eſt changée en vne Mer, au bord de laquelle on void quantité de Tours ſur des écueils & ſur des Rochers, & dans l'vne ſe trouue Illus priſonnier, qui ſe plaint de ſa jalouſie. Le Page arriue dans vne Barque, & luy preſente vne Lettre de la part d'Yole, par laquelle elle s'excuſe enuers luy de la dure neceſſité qui la force d'eſpouſer le Pere, pour ſauuer la vie au Fils : Illus, bien plus malheureux par ce remede qu'il ne l'eſtoit par ſon propre mal, preſſe le Page de s'en retourner en diligence, & de luy dire qu'elle n'eſpouſe point Hercule, & qu'il ne luy peut arriuer rien de pis que ce Mariage

riage. Vne Tempeſte s'eſleue, abyſme le Page,
& la Barque; ce qui eſt cauſe qu'Illus ſe precipi-
te de deſeſpoir. Iunon paroiſt ſur vn Throſne,
& prie Neptune de le ſauuer, en quoy la Deeſſe
eſtant obeye à point hommé elle reuoit ce jeune
Homme à ſes pieds, le conſole par l'eſperance
d'vne meilleure deſtinée, & l'ayant laiſſé ſur le
riuage s'en retourne au Ciel, & commande aux
Zephirs de celebrer la victoire qu'elle vient de
remporter ſur la Deeſſe Venus, ce qu'ils font
par vne Danſe dans la meſme Machine.

VI. Entre'e.

Des Zephirs.

Le Comte de Marſan.   Le Baron de Gentilly,
Meſſieurs Heſſelin fils, Sanguin fils, d'Aligre fils,
Et le Sieur Létan. *Zephirs.*

Le Comte de Marſan, *Zephir.*

IL me déplaiſt aſſez de n'eſtre qu'vn Zephir,
Et de ne pouuoir pas encore à mon plaiſir
Déraciner vn Arbre, & le coucher par terre,
Abatre de mon ſouffle & tours & pauillons,
Renuerſer comme épis les plus gros bataillons,
Helas! moy qui me ſens ſi propre pour la guerre
La feray-je long-temps encore aux Papillons?

D

Pour le Baron de Gentilly , *Zephyr.*

L'On me verra bien-tost pousser de vrais soûpirs,
Et n'estre plus du rang de ces petits Zephyrs
    Dont la pluspart ne font encore
    Que badiner auecque Flore.

Pour Monsieur Hesselin fils,   *Zephir.*

DEs-ja mon petit murmure
    Fait treembler plus d'vne fleur,
Iespere si le temps dure
Estre en assez bonne odeur.

Pour Monsieur Sanguin fils. *Zephyr.*

VN Zephir est mal propre aux nauigations ,
    Mais quel vent je feray si je tiens de mes Pe-
Qui de la grande Mer des conuersations [res
Sont les vniques vents incessament contraires,
Ils vont par vn chemin des autres different,
Et ne se laissent pas emporter au torrent.

Pour Monsieur D'Aligre fils,   *Zephyr.*

IL seroit bien difficille
    De le prendre par le bec ,
Ie le donne au plus habille ,
Et c'est vn petit vent Grec.

LA Scene change en vn bois de Cypres plain
de Sepulchres de Rois, où Dejanire defespe-
rée vient pour s'enterrer toute viue : Mais en
estant empeschée par Lycas, elle y void aussi en-
trer Yole enuironnée d'vne Troupe de Sacrifi-
cateurs & de Demoiselles, qui l'assistent pour le
Sacrifice qu'elle veut faire deuant le Tombeau
de son pere Eutyre, afin d'obliger ses Manes à
luy permettre d'espouser Hercule. L'Ombre
sort des ruïnes du Tombeau, & luy fait de san-
glans reproches de ce qu'elle veut estre la fem-
me de son Meurtrier. Dejanire qui entend par-
ler de son Mary & de son Fils, se mesle dans la
conuersation, & leur aprenant comme Illus
vient d'estre noyé, l'Ombre en tire vne nouuel-
le raison pour dissuader ce Mariage à sa fille, qui
ne le faisoit que pour luy sauuer la vie, & puis
retombe aux Enfers en murmurant, & apres
auoir menacé Hercule de se joindre pour sa per-
te à tous ceux qu'il auoit massacrez. Yole ne
voulant pas moins mourir que Dejanire, toutes
deux ne reçoiuent de consolation que par l'es-
perance que Lycas leur donne de deliurer Her-
cule de sa passion par le moyen de la chemise du
Centaure Nessus. Elles se retirent auec luy, &
il ne demeure que les Demoiselles qui dans l'es-
pouuante que leur causent quatre Fantosmes

qui leur apparoiſſent, compoſent la ſeptieſme
Entrée du Ballet, & ferment le quatrieſme Acte.

VII. ENTRE'E.

Des Fantoſmes & Demoiſelles.

Meſſieurs du Mouſtier, la Marre , Mahieu, Grenerin,
Chicaneau, Deſonets, du Feu, Manſeau, Bureau ,
Des-Airs le petit , Cordeſſe , & Arnal.
Fantoſmes & Demoiſelles.

Pour les Fantoſmes & Demoiſelles.

METtez-moy d'vn coſté quatre Spectres d'Enfer
De l'autre nombre égal d'antiques Demoi-
ſelles
De celles que l'on croit faites par Lucifer
Pour la damnation des Jeunes & des Belles,
Ioignez-bien ce Troupeau dont je vous fais le
plan,
Ie le donne au plus fin qui ſoit dans le Royaume
De pouuoir démeſler en l'eſpace d'vn an
Quelle eſt la Demoiſelle, ou quel eſt le Fantoſme.

ARGVMENT

DV V. ACTE.

L'Enfer paroift, & l'on y void l'Ombre du grand Eutyre auec celles des autres Rois & Princes tombez fous les armes d'Hercule, qui confpirent toutes enfemble, comme autant de Furies à le faire mourir de rage & de douleur. Pluton fur le point de fe voir vangé d'Hercule, qui a porté fes conqueftes jufques aux Enfers, en témoigne fa joye par vne dance qu'il fait auec Proferpine.

VIII. ENTRE'E.

Pluton & Proferpine, auec douze Furies.

LEROY, *reprefentant Pluton*
Raynal, *reprefentant Proferpine.*

D iij

Pour LE ROY, *repreſentant Pluton.*

QV'à ſon gré le Soleil regne ſur l'Hemiſphere
Vous ne l'enuiez point, & la grande Clarté
Quoy que l'on ne ſoit pas reſolu de mal faire
Ne laiſſe pas d'auoir ſon incommodité :
Chacun dans ces bas lieux ſent ſon mal qu'il expoſe
Seulement aux regars de celle qui le cauſe,
On ſoûpire en ſecret dans vos ſombres Eſtas,
Et la flame qui bruſle au moins n'éclaire pas.

Les Demons vos ſujets endurent mille peines,
Car outre l'Intereſt, outre l'Ambition,
Amour leur fait ſentir ſes rigueurs inhumaines,
C'eſt vne imperieuſe, & forte paſſion,
Tous en ſont agitez d'vne terrible ſorte :
De s'enquerir comment le Monarque ſe porte
Parmy de ſi grands maux, & ſi contagieux,
La curioſité n'en apartient qu'aux Dieux.

LA Scene change encore, & repreſente vn
Portique des deux coſtez, & en perſpecti-
ue le Temple de Iunon Pronube. Là Hercule
vient pour eſpouſer Yole, de la main de laquelle
il reçoit la fatale Chemiſe du Centaure, &
l'ayant veſtuë comme vne Robe de Nopce, il
entre auſſi-toſt dans vne telle fureur qu'il ſort

pour s'aller jetter dans le feu du sacrifice ; Mais
Iupiter l'ayant transporté dans le Ciel , & luy
ayant fait espouser la BEAVTE', Iunon des-
cend , & par cette nouuelle donne vne grande
joye aux deux jeunes Amans qu'elle marie sur le
champ. En mesme remps toutes les Spheres,
& leurs diuerses influances jointes à vn Chœur
d'Estoilles font vne dance qui n'est pas moins à
la gloire du Mariage de leurs Majestez , que de
celuy d'Hercule, qui n'est que la figure de l'au-
tre,& toutes ensemble composent dix Entrées ,
d'vn Ballet par où finit cette Tragedie.

Planettes & Influances.

Mars.	*Capitaines.*
La Lune.	*Pelerins.*
Mercure.	*Charlatans.*
Iupiter	*Monarques.*
Venus.	*Plaisirs.*
Saturne.	*Enchantemens.*
Soleil.	*Les 24. Heures.*
	Estoilles.

IX. ENTRE'E.

Mars, suiuy d'Alexandre, Iules Cesar, Marc-Antoine,
Pompée, & autres grands Capitaines
de l'antiquité.

LEROY, *representant Mars.*

Monfieur le Prince, *representant Alexandre*
Monfieur le Comte de S. Aignan, *representant Cesar.*
Le Marquis de Raffan, *representant*
Marc-Anthoine.

Monfieur Bontemps, ou M. S. Frè. Meffieurs Veipré,
Langlois, & Bruneau. Les Sieurs Des Airs,
Raynal, & le Noble *Capitaines.*

Monfieur Coquet. Meffieurs Beauchamp, D'heureux,
& Defboffes, *Enfeignes.*

Pour LEROY, *representant le Dieu*
Mars.

DOnc la guerre eftant finie,
Loin d'eftre les bras croifez
A des Traueaux opofez
Mars aplique fon genie;
Donc il met les armes bas,
Et ne fe repofe pas
Quand fes mains de fang font nettes,
Mais dans vn calme fi doux
Affis entre les Planettes
Il regne & veille fur nous.

Le Bon.

Le Bon-heur en abondance
Par luy nous sera versé
De son Ciel où l'a placé
L'Éternelle Providence :
C'est là qu'il sçait présider,
Et qu'on luy voit décider
Des fortunes de la Terre,
Nul n'est paruenu si haut,
Il est le Dieu de la Guerre,
Et gouuerne comme il faut.

Venus aymable & charmante
Le domte sans l'affoiblir,
L'occupe sans le remplir
Soit presente, soit absente :
Plutost émeu que troublé
Son cœur n'est point acablé
Sous vne indigne victoire,
Et mettant ses fers au jour
Il n'oste point à sa gloire
Ce qu'il donne à son Amour.

E

Pour Monſieur le Prince, repreſentant Alexandre,

ALexandre eſt cognu pour vn grand Capitaine,
De cette verite l'Hiſtoire eſt toute plaine,
Dés ſa grande jeuneſſe enfin ſans contredit
Dans le Monde il a fait ce que le Monde en dit,
Cent belles actions d'immortelle memoire
Comme à toute la terre ont pû luy faire croire
Qu'elles ne partoient pas d'vne mortelle main,
Examinant ſon cœur il s'eſt crû plus qu'humain;
Mais côme on ſe réueille à la fin d'vn long ſomme,
Prenant garde à ſon ſang il ne s'eſt crû qu'vn
    Homme,
Et depuis Iupiter n'a point veu ſous les Cieux
De Zele plus ſoûmis, ny plus religieux.
Ce n'eſt qu'vn Homme enfin, mais vn Homme ad-
    mirable,
Il ne s'en verra point qui luy ſoit comparable,
Perſonne au champ de Mars iamais ſi loin n'alla.
Mais n'en diſons pas plus, & demeurons-en là,
Abregeons des diſcours fleuris comme les noſtres,
Ces Braues ont leur foible auſſi bien que les autres,
En quelque ſi haut point que ſa Gloire l'ait mis,
Luy qui ſeul tiendroit bon contre cent ennemis,
Fiez-vous-en à moy, quelque mine qu'il faſſe
Il ne ſouſtiendroit pas vne loüange en face.

Iules Cæsar, representé par le Cômte de S. Aignan.

Avx Dames.

Par tout mes ennemis ont monstré les espaules,
Ie me suis signalé dans la guerre des Gaules,
Ce Theatre fameux de tant d'exploits hardis :
Faire des improntus fût ma noble coustume,
Tantost par mon espée, & tantost par ma plume,
On parle de mes faits, on parle de mes dits.

Il n'est difficulté que mon bras n'ait franchie
Pour monstrer à quel point j'aymois la Monar-
chie
Dont selon mon pouuoir j'ay rehaussé l'esclat :
A tous les ennemis de la grandeur Royale
De bon cœur je souhaite vne rencontre égale
A ce qui m'ariua jadis dans le Senat.

Vostre force n'est pas vne force commune,
Beaux yeux qui rappelez Cesar & sa Fortune,
Afin de les mener derriere vostre Char :
Personne de si loin n'est venu pour vous plaire,
Cette peine vaut bien quelque petit salaire,
Et comme vous sçauez, il faut rendre à Cesar.

Le Marquis de Raſſan, repreſentant Marc-Anthoine.

I Cy je repreſente
Vn Romain qu'à la fin ſon malheur mit à bout
Qui voudra l'imiter il eſt bon qu'il s'exemte
Du deſſein de vouloir le copier en tout ;
Ce fût vn noble cœur, vne Ame grande & haute
Qui tomba neantmoins dans vne lourde faute :
Sa faute luy couſta ſon Empire & le iour,
Luy coûta ſon honneur qui vaut mieux qu'vn
    Empire,
Luy coûta plus encor, luy coûta ſon Amour,
    Et cela c'eſt tout dire,

***

X. Entre'e
Influences de la Lune, & Pellerins.

Mademoiſelle Girault, repreſentant la Lune.
Pelerins. Meſſieurs Coquet & Villedieu. Le Sieur Don,
Lambert, Baltazard, le Conte, Noblet,
Bonard, Mercier, & la Pierre.

Pour les Pelerins.
AVX DAMES.

NOus auons fait vn vœu d'aller par tout le
    monde
Publier qu'il n'eſt rien de comparable à Vous,
Sur cet vnique point le voyage ſe fonde,
Et deſ-ia pour partir nous nous preparons tous :
C'eſt à vous de ſonger à noſtre ſubſiſtance,
Et meſme il ne faut pas y ſonger pour vn peu,
Car ſi vous refuſez d'en faire la deſpence,
Adieu le Pelerin, le Bourdon, & le Vœu.

XI. ENTRE'E.

Influances de Mercure, & Charlatans.

Mercure ſeul, repreſenté par Monſieur Beauchamp,
Les Charlatans. Meſſieurs Parque, Chamois, Bourcier,
  Doliuet, Cheuillard, Mahieu, du Mouſtier,
  Lerambert, le Chantre, Guignar, Picot, de Lalun,
  Deſonets, du Breüil, Vagnac, Payſan, Cordeſſe.

Pour les Charlatans.

DAns vn Siecle comme le noſtre
  Il ne ſe fait plus rien qui ne ſerue auiourd'huy,
Quand vn homme eſt vn ſot, ſi c'eſt tant pis pour
  luy,
Du moins c'eſt tant mieux pour quelqu'autre.

E iij

XII. ENTRE'E.

Influances de Iupiter, accompagné de quatre Monarques, & de quatre Nations.

Le Duc de Guise, *Iupiter.*
Le Cheualier de Fourbin, *Auguste.* Monsieur
Beauchamp, *Annibal.* Monsieur d'Heureux,
Philippes. & le Sieur Raynal, *Cyrus.*
Monsieur de l'Hery, les Sieurs Des-Airs, de Lorge,
Des-Brosses. *Grecs.*
Messieurs du Iour, & Villedieu, les Sieurs
de Gan, & le Noble. *Romains.*
Les Sieurs de la Marre, Don, Du Pron,
& Noblet. *Persans.*
Monsieur Souuille. Les Sieurs du For, le Chantre,
& Chicanneau. *Affriquains*

Le Duc de Guise, *representant Iupiter.*

MAlgré le rang que je tiens
Mon cœur est das les liens,
l'ay mis les Geans en poudre,
La Beauté toute seule a pû m'assujettir,
Et mon Aigle ny ma foudre
Ne m'en ont sçeu guarentir.

XIII. ENTRE'E.

Venus & les Plaisirs.

CONCERT DE VENVS

& des Plaisirs.

Les Plaisirs.

Vous, qui dès seuls thresors comblez tous vos
desirs,
L'auare faim de l'or peut bien estre assouuie,
Mais sans les vrays Plaisirs,
Qu'est-ce que de la vie?

Recit de Venus chanté par Mademoiselle Hilaire.

Plaisirs, venez en foule
Vous qui sçauez si bien rendre les cœurs contens,
Le bel âge s'écoule,
Et vous passez aussi de mesme que le Temps.
Acompagnez touiours le Royal Hymenée,
Vous estes faits pour luy, comme il est fait pour
vous.
Gardez bien la chaleur qu'Amour vous a donnée,
Et pour estre permis n'en soyez pas moins doux.

Les Plaiſirs.

Vous que tiént la Fortune au rang de ſes martyrs,
Elle peut vous payer quand vous l'aueʒ ſuiuie,
Mais ſans, &c.

Venus continuë.

Pourquoy faire des crimes
Quand on peut autrement ſoulager ſes deſirs?
Les plaiſirs legitimes
Enfin vont l'emporter ſur les autres Plaiſirs.
Accompagneʒ, &c.

Les Plaiſirs.

Vous qui faites l'amour, vous pouueʒ en ſoûpirs
Paſſer vos plus beaux iours, s'il vous en prend
enuie.

Mais ſans, &c.

Monſieur le Duc, le Prince de Loraine,
Les Comtes d'Armagnac, de Guiche, & de Sery.
Les Marquis de Genlis, de Mirepoix,
de Villeroy, & de Raſſan.
Monſieur Coquet. *Les Plaiſirs.*

Monſieur le Duc, vn des Plaiſirs.

Bien que dans les Plaiſirs s'enrole ma jeuneſſe,
Elle & mon cœur iroient à des emplois meil-
Il eſt formé d'vn Sang ennemy de moleſſe, (leurs,
Et ie les ſens tous deux qui m'appellent ailleurs

Pour

Pour le Prince de Lorraine, vn des Plaiſirs.
AVX DAMES.

SExe charmant, voicy bien voſtre affaire,
 Et ſupoſé que le Plaiſir
 Soit vne choſe neceſſaire,
 Vous ne ſçauriez pas mieux choiſir.
 Mais n'allez pas d'vn air farouche
 Dire que vous n'en voulez point,
 Et niaiſement ſur ce point
 En faire la petite bouche:
 Le plaiſir ayde à la ſanté,
 La ſanté fait qu'on eſt plus belle,
 Et n'eſt-ce rien que la beauté?
 A voſtre auis; que feriez-vous ſans elle?

Le Comte d'Armagnac, vn des Plaiſirs.

LEs autres à leur gré feront cent & cent tours,
 Ce n'eſt pas trop pour eux d'auoir toute vne
  Ville,
Ie me contente à moins, & veux eſtre toûiours
Le Plaiſir d'vne ſeule, & le Deſir de mille.

Pour le Comte de Guiche, vn des Plaiſirs.

ICy tous les Plaiſirs ſont ramaſſez enſemble,
La Nature qui fait les choſes auec pois
En vn meſme ſuiet les a tous mis ce ſemble
Afin de les pouuoir donner tous à la fois.

F

Ils y font tous, & Telle auec vn air modeste
Pretend que sa Vertu soit vn de ses apas,
Qui dans ce seul Plaisir que vous voyez si leste,
Les a tous rencontrez, & ne s'en vante pas.

Le Comte de Sery, vn des Plaisirs.

Mieux que personne, au fond de mon desir
Ie sens combien la double peine est grande,
Soit quand il faut attendre le plaisir,
Soit quand il faut que le Plaisir attende.

Pour le Marquis de Genlis, vn des Plaisirs.

Lequel de nos cinq sens pouuez vous delecter?
Ce n'est pas nostre Oüye à vous oüir chanter,
Pour le Goust, il faudroit vne faim effroyable
A qui vous mãgeroit estant dur comme vn Diable,
Quant à l'Atouchement, nous serions empeschez
A démesler icy les cœurs que vous touchez :
L'Odorat est subtil, mais aucun ne soupçonne
Qu'en ce point vous soyez incommode à personne,
On ne peut là-dessus vous accuser de rien :
Ha! ie l'ay deuiné c'est que vous dancez bien,
Et qu'ayant de beauté la face dépourueuë
Vous ne laissez pas d'estre vn Plaisir pour la veuë.

Le Marquis de Mirepoix, vn des Plaisirs.

ENcore que je sois d'vn climat peu discret,
L'ayme à ne dire mot de ma bonne fortune ;
Et si je suis jamais le plaisir de quelqu'vne
Ie seray son Plaisir secret.

Au Marquis de Villeroy, vn des Plaisirs.

LA Troupe des plaisirs estoit presque passée,
Alors qu'vn jeune Objet, aymable, tendre
& doux,
Comme j'auois sur vous les yeux & la pensée,
Me vint dire à l'oreille, en me parlant de vous,
Il est asseurément le plus ioly de tous,
Et c'est en sa faueur que mon ame decide ;
Mais fiez-vous à moy, me dit-elle entre-nous,
Ce n'est pas vn Plaisir extremement solide.

Le Marquis de Rassan, vn des Plaisirs.

BElle & charmante inhumaine,
Seul objet de mon desir,
Comme vous estes ma peine,
Que je sois vostre Plaisir.

Monſieur Coquet, *vn des Plaiſirs*.

A v x D a m e s.

A Iuger ſainement icy de noſtre dance,
Les Autres ne vont point du bel air dont
    ie vays.
Que chacune de vous diſe ce qu'elle en penſe,
Le dernier des Plaiſirs n'eſt pas le plus mauuais.

XIV. E n t r e' e.

Influances de Saturne, qui produit pluſieurs Enchantemens.

Monſieur Villedieu, Les Sieurs Baltazard, Noblet,
Don, Laleu, le Conte, Cordeſſe, Deſonets
Arnal, Mercier, le Noble, & Bonard.

Pour des Enchantemens.

D E tant d'Enchantemens dont le monde eſt
    charmé,
A mon gré le plus grand & le plus ordinaire,
C'eſt de pouuoir aymer quand on n'eſt point aymé,
Et de ſuiure toûjours la Cour ſans y rien faire.

Iufluances du Soleil, accompagnée des
24. Heures, de l'Aurore, &
des Eſtoilles.

XV. ENTRE'E.

Les douzes Heures de la Nuiċt.

Le Comte d'Armagnac. Le Cheuallier de Fourbin
Meſſieurs Coquet, de Souuille, & de l'Hery.
meſſieurs Beauchamp, d'Heureux, de Lorge, de Gan,
Des-Broſſes, du Pron, & Des-Airs le cadet,

Heures de la Nuiċt.

Pour le Comte d'Armagnac, *repreſentant*
vne Heure de la Nuiċt.

VNe jeune Beauté qui n'a point de ſeconde
En vous ſeule a borné tous ſes contentemens
Et vous eſtes l'Heure du monde
Qui paſſez les plus doux momens,

XVI. ENTRÉE.

L'Aurore.

Repreſentée par Mademoiſelle de Verpré

XVII. ENTRÉE

Le Soleil & les douze Heures du Iour.

LE ROY. *Le Soleil.*

Monſieur le Duc.   Le Comte de Saint Aignan,
Le Comte de Guiche.
Les Marquis de Genlis, & de Raſſan.
Monſieur Bontemps ou M: S Fré, Meſſieurs Verpré,
Bruneau, & Langlois.   Les Sieurs Noblet,
Raynal, & la Pierre. *Heures du Iour.*

Pour LE ROY, *repreſentant le Soleil.*

CEt Aſtre à ſon Autheur ne reſſemble pas mal,
Et ſi l'on ne craignoit de paſſer pour impie,
L'on pourroit adorer cette belle Copie
Tant elle aproche prés de ſon Original.

Ses Rayons ont de luy le nüage écarté,
Et quiconque à prefent ne voit point fon vifage,
S'en prend mal-à-propos au prétendu nüage
Au lieu d'en acufer l'excés de fa clarté.

N'eft-on pas trop heureux qu'il faffe fon meftier
Dans ce Char lumineux où rien que luy n'a place,
Mené fi feurement, & de fi bonne grace
Par vn fi difficile & fi rude fentier?

Des fecrets Phaëtons les grands & vaftes foins
Pouroient bien s'atirer la foudre & le nauffrage,
Si pour la chofe mefme il faut tant de courage,
Pour la feule penfée il n'en faut guére moins.

Voyant plus par fes yeux que par les yeux
d'Autruy,
Il empefchera bien ces petits feux de luire,
Par fa propre lumiere il fonge à fe conduire
Tout brillant des clartez qui s'échapent de luy.

Mais qu'il eft dangereux pour ces tendres Beau-
On ne l'éuite pas bien que l'on s'en recule,   (tez,
Et s'il faut vne fois qu'il hafle ce qu'il brufle,
Que de Teints délicats vont en eftre gaftez!

Monſieur le Duc, *repreſentant vne Heure.*

S I venant à ſonner, je fais autant de bruit
    Que l'Heure qui m'a precedée,
Quelle gloire pour moy, pour les autres quel fruit,
Ie ne ſçaurois choiſir vne plus noble idée;
Il faut acheminer ce que j'ay de momens
    A d'auſſi beaux éuenemens
Dont l'éclat bien auant dans l'auenir demeure
Et remplir tous les Temps de l'ouurage d'vne
    Heure.

Pour le Comte de S. Aignan, *repreſentant*
    vne Heure.

D Es Heures il en eſt de plaiſir & d'affaire,
    Celle dont il s'agit eſt vne Heure à tout fai-
Le Soleil qui les fit toutes ce qu'elles ſont,   (re,
Y void je ne ſçay quoy de brillant & de prompt,
Et ſur ſes ennemis au point qu'elle en atrape
        L'Heure frape.

    Mais eſt-il queſtion de changer de maniere,
D'en prendre vne plus douce au lieu d'vne plus
        fiere,
Pour celebrer ſon Nom de bouche ou par écrit,
Et faut-il galamment payer de ſon eſprit
Apres auoir ailleurs payé de ſa perſonne?
        L'Heure ſonne.

Pour

Pour le Comte de Guiche, *vne Heure.*

DAns la Communauté des Belles,
Ce n'est pas tout d'estre auec elles
L'Heure de recreation,
Pour conserner leur bien-veillance
Il faut que par discretion
Vous soyez l'Heure du Silence.

Pour le Marquis de Genlis. *vne Heure.*

LA belle Heure *du jour sans doute la voila,
Si ce n'est la plus belle aumoins c'est la meil-
leure,*
On dit communement que l'Amour a son Heure,
Mais je douterois fort que ce fut celle-là.

G

XVIII. ET DERNIERE ENTREE.

Des Etoilles.

Mademoiselle de Toussi, Mademoiselle de Brancas, Mademoiselle de Bailleul, Mesdemoiselles de Barnouuille, de Borglia, de Vaure, de Plabisson, de Hargenlieu, de Certe, du Mousseaux, d'Arnouuille, de Saugé, Mignon, Longuet, Milet, & Ribera.

Pour Mademoiselle Mancini, *qui deuoit representer vne Etoille.*

CHacun dans son estat a sa melancolie,
Ne cachez point la vostre, elle est visible à tous,
Estre Etoille pourtant c'est vn Poste assez doux,
Et la condition me semble fort jolie :
Vous la deuiez garder, ce goust trop delicat
A vostre feu si vif & si remply d'eclat
Mesle quelque fumée, & sert comme d'obstacle,
Les Etoilles vos Sœurs vous diront qu'autre-fois
Vne Etoille a suffy pour produire vn miracle,
Et pour faire bien voir du païs à des Rois.

Pour Mademoiselle de Toussy, *Etoille.*

Diroit-on pas que c'est l'Amour
Qui ne fait encor que de naistre,
Où l'Etoille du point du jour
Qui déja commence à parestre?

❧

Mademoiselle de Brancas, *Etoille.*

Les Etoilles le jour ne se laissent pas voir,
Leur tems de se monstrer est toujours vers
le soir,
Ce qui de leur éclat peut causer de grands doutes:
Mais mon Teint deuient plus hardy,
Et deuant qu'il soit peu je feray voir à toutes
Les Etoilles en plain Midy.

❧

Pour Mademoiselle de Bailleul, *Etoille.*

Dans la suite bien-heureuse
De vos beaux & jeunes ans,
Vous serez pour quelque Gens
Vne Etoille dangereuse.

Pour toutes les Etoilles.

LE Ciel ne fut jamais en l'estat qu'il se treuue,
L'on diroit qu'il a mis vne parure neuue,
De tous ces petits Feux l'éclat est pur & fin,
Et la Nuit aura beau tendre ses sombres voiles,
On ne laissera pas de faire du chemin
Auecque la pluspart de ces jeunes Etoilles.

F I N.

ERCOLE AMANTE.

TRAGEDIA,

Repreſentata per le Nozze delle Maeſtà
Chriſtianiſſime.

HERCVLE AMOVREVX.

TRAGEDIE.

Repreſentée pour les Nopces de leurs Majeſtez
Tres-Chreſtiennes.

camille

A PARIS,
Par ROBERT BALLARD, ſeul Imprimeur du Roy
pour la Muſique.
_____
M. DC. LXII.
Auec Priuilege de ſa Majeſté.

HERCVLE AMOVREVX.

TRAGEDIE.

ARGVMENT.

Ercule ayant aſſujetty l'Eocalie, Illus ſon fils & Yole fille du Roy vaincu conceurent vn amour reciproque; peu de temps apres Hercule eſtant deuenu amoureux de cette meſme Princeſſe, la demanda pour femme au Roy Eutyre ſon Pere, qui ne ſçachant pas encore l'engagement de ſa Fille auec Illus, conſentit à la de-

ERCOLE
AMANTE.
TRAGEDIA.

ARGOMENTO.

Auendo Ercole foggio-
gata l'Eocalia, Hyllo fi-
glio di lui, & Iole figlia
del vinto R e Eutyro ar-
fero di reciproco affet-
to, e non molto dopo
innamoratofi della me-
defima anche Ercole la chiefe per moglie
al di lei Padre, che non confapeuole anco-
ra dell'impegno di effa con Hyllo la Pro-

mife, & informatone poi la nego, onde il
femideo offefo di ciò l'uccife, che però
tanto più diuenuta Iole auuerfa al rifiu-
tato amante, Venere come di lui amica,
defiderofa di rendergliela propitia, e diffi-
dando poter per ciò difporre di Cupido à
fua voglia, hà ricorfo à gl'incanti, à che
Giuno altetranto contraria ftudiofamen-
te s'oppone, tra gli auuenimenti della
qual gara auuiftofi Ercole della riualità
del figlio, & infofpettito (benche à torto)
che quefti gl' infidiaffe alla vita, rifolue di
porlo à morte, mà fopragiunta Dejanira
Madre di lui, che per miniftero della fama
era ftata à tal luogo Tratta dalla gelofia fi
frapone per faluarlo fenza però ottenere
altro, che di accomunar' à fe fteffa vn fi
gran pericolo, onde Iole non fcorgendo à
ciò altro riparo, fi rifolue, di dare all'infu-
riato Eroe (purche perdoni ad Hyllo)
qualche fperanza di piegarfi ad amarlo,
ad intuito di che Ercole fofpendendo
l'efecutione de fuoi fdegni, manda (per

mande;

ARGVMENT.

mande; Mais depuis mieux informé vou-
lut retraĉter son consentement, dont Her-
cule fut si puissamment irrité qu'il le tua.
Yole prenant de ce meurtre vne nouuelle
auersion contre Hercule, Venus pour l'a-
doucir a recours aux enchantemens; Iu-
uon tout au contraire ancienne ennemie
d'Hercule, s'applique soigneusement a
trauerser son amour, & parmy les diuers
euenemens qui naissent des efforts oppo-
sez de ces deux Deesses, Hercule s'apper-
çoit que son fils est son riual, & s'estant
faussement imaginé qu'il auoit attenté sur
sa vie s'appreste a le faire mourir, quand
Dejanire, Mere infortunée de cét ay-
mable Fils, conduite par sa jalousie, arri-
ue à propos pour se mettre entre-deux,
mais elle ne peut obtenir autre chose que
d'entrer auec Illus dans le mesme danger
de mort; ce qui contraint Yole de promet-
tre toutes choses à Hercule qu'elle haïs-

H

ARGOMENTO.

afficurarſi dalla gelofia (il figlio prigio-
niero in vna Torre ſul Mare , & ordina
(per liberarſi dalle contrarietà) che la
moglie torni in Calidonia , quindi mo-
ſtrandoſi ogn' or più determinato, quan-
do non ottenga le bramate nozze, di ven-
dicarſene atrocemente contro Hyllo , ri-
duce Iole alla neceſſità d'acconſentir più
toſto à quelle , che di ſoffrir lo ſcempio di
queſti , il quale riceuuta, di ciò nouella, ſi
precipita auanti à gli occhi della madre,
(che andaua per conſolarlo) diſperato
nel Mare, mà comparſa l'ombra d'Euty-
ro alla figlia, e con più ragioni, e partico-
larmente con la già ſeguita ſommerſione
d'Hyllo, diſſuadendola dal maritarſi con
Ercole, vien ſuggerito alla geloſa moglie
da Licco ſuo ſeruo , che con la veſte
laſciatagli già da Neſſo Centauro , hau-
rebbe ella potuto annichilare nello ſpiri-
to del Marito ogn' altro affetto ch' il ſuo;
onde Iole più repugnante che mai di ma-
ritarſi con Ercole, appigliandoſi anch' eſ-

ARGVMENT.

foit, pour fauuer Illus qu'elle aymoit. Ses
promeffes font fufpendre la refolution
d'Hercule, & pendant qu'il en attend
l'execution, il commande à Dejanire de
retourner à Callidonie, & enuoye fon Fils
prifonnier dans vne Tour enuironnée de
la Mer, declarât à Yole qu'il le fera bien-
toft mourir fi elle luy manque de parole.
Cette menace fait confentir Yole à efpou-
fer Hercule, mais Illus en eftant aduerty
fe precipite dans la mer aux yeux de De-
janire qui alloit pour le confoler. L'Om-
bre d'Eutyre fe fert de cet euenement pour
diffuader fa fille du mariage d'Hercule,
en luy faifant connoiftre qu'apres la per-
te d'Illus elle n'a plus rien à menager : Et
Licas feruiteur de Dejanire fait fouuenir
fa Maiftreffe que le Centaure mourant
luy a laiffé vne chemife dont il l'a affeurée
que l'effet feroit tel, qu'auffi-toft qu'Her-
cule l'auroit prife il n'auroit plus d'amour

H ij

ARGOMENTO.

fa à simile speranza, si carica di applicare à suo tempo vn tal rimedio, dal cui contatto cagionate poi nel semideo furiose imanie, che lo portano à gettarsi nelle fiamme, si scuopre essere stato il di lui figlio saluato in vita da Nettunno per opera di Giunone, dalla quale venendo appresso manifestato, come Ercole in vece di ardersi era stato da Gioue transportato al Cielo, e quiui sposato alla Bellezza, e che così libero dalle passioni humane, consentendo egli al matrimonio d'Hyllo, & Iole, haueua ottenuto alle sue felicità il consenso della medesima Dea, seguono parimente le Nozze tra li due amanti.

que pour elle. Yole qui ne cherchoit
qu'à se garentir de ce mariage, reçoit
auec plaisir cet expedient, & se char-
ge de se seruir de la chemise lors qu'il
en sera temps: Mais au moment qu'Her-
cule en est reuestu, il entre dans vne
fureur si violente qu'il se jette luy mes-
me dans le feu. Cependant l'on decou-
ure que Neptune, à la priere de Iu-
non, auoit sauué Illus des flots de la
mer, & cette mesme Deesse vient dire
de quelle maniere Iupiter à garenty
Hercule des flames où il s'estoit exposé,
pour le transporter au Ciel & le ma-
rier auecque la Beauté, & comment ce
Heros depoüillé des passions humaines,
en permettant les Nopces d'Yole auec
Illus, a merité qu'elle mesme consentit
à le voir heureux.

PERSONAGGI.

Cinthia.   Prologo.

Ercole.

Venere.

Giunone.

Hyllo, figlio d'Ercole.

Iole, figlia del Ré Eutyro.

Paggio.

Dejanira, Moglie d'Ercole.

Licco suo seruo.

Pasithea, Moglie del Sonno.

Sonno Personnaggio muto.

Mercurio.

Nettunno.

Ombra del Ré Eutyro, Padre d'Iole.

Ombra di Clerica Regina.

Ombra di Leomedonte Ré di Troia.

Ombra di Bussiride.

La Bellezza.

Choro Musico de' fiumi.

Choro de Musico delle 3. Grazie.

Choro Musico d'Aure, e Ruscelli.

Choro Musico de' Sacrificanti al sepolcro d'Eu-

Choro Musico d'Anime infernali.   [tyro.

Choro Musico di Sacerdoti di Giunone Pronu-

Choro Armonico de' Tritoni, e Sirene.   [ba.

Choro muto di Damigelle d'Iole.

PERSONNAGES.

La Lune. Prologue.   M. Meloni.
Hercule.   M. Piccini.
Venus.   Mademoiselle Hylaire.
Iunon.   M. Riuani.
Hyllus, fils d'Hercule.   M. Giu. Agostino Poncelli.
Yole, fille du Roy Euthire. Mademoiselle Bergerotti.
Le Page.
Dejanire, femme d'Hercule. Mademoiselle Ballarini.
Licas son seruiteur.   M. Chiarini.
Pasithée femme du someil.   Mademoiselle Bordoni.
Le sommeil Personnage muët.
Mercure.
Neptune.   M. Bordigoni.
Ombre du Roy Euthyre, Pere d'Yole. M. Bordigoni.
Ombre de Clerique, Reyne.   Mademoiselle de la Barre.
Ombre de Laomedon Roy de Troye.   M. Vulpio.
Ombre de Busiride.   M. Zannetto.
La Beauté.   Mademoiselle de la Barre.
Chœur de Musique de Fleuues.
Chœur de Musique des trois Graces.   Madamoiselle
   Ribera. M. Meloni, & M. Zannetto.
Chœur de Musique de Zephirs & de Ruisseaux.
Chœur de Musique de Sacrificateurs au tombeau d'Eu-
Chœur de Musique d'ombres infernale.   (tyre.
Chœur de Musique des Sacrificateurs de Iunon Pronu-
Chœur Armonique de Tritons & Sirenes.   (be.
Chœur muët des Damoiselles d'Yole.

La Scena rappresenta nè lati Montagne di Scogli sù li quali si vedono giacenti 15. fiumi, che bagnano i Regni e le Prouincie che Sono ò furono sotto la dominatione della Corona di Francia. Nella prospettiua si vede il mare, e nell' aria Cinthia che discende in vna gran Machina rappresentante il di lei Cielo.

PROLOGO.

Choro di
fiumi.

Val concorso indouino
Oggi al Mar più vicino
Del festoso Parigi
Noi rauno dal gemino Emisfero,
Noi, che del Franco Impèro
Vantiamo il nobil giogo, ò i bei Vestigi?

Il Teuere. Ah che mentre la terra
Di lunga orrida guerra
Già dileguati ammira i fati rei
Ne beati Imenei
Di MARIA di LVIGI
Adorna Cinthia di più bei candori
Noi testimoni elesse
Di quei, ch'à spiegar và, Gallici honori.

LA SCENE

La Scene des deux coſtez repreſente des Mon‑
taignes & des Rochers, ſur leſquels ſont
couchez quinze Fleuues, qui ont eſté ſous
la domination des François : Dans le fonds
du Theatre ſe voit la Mer, & dans l'Air la
Lune qui deſcend dans vne Machine qui
repreſente ſon Ciel.

PROLOGVE.

La Lune. Chœur de Fleuues.

Le Chœur.

Vel deſtin bien‑heureux, ou quelle pre‑
uoyance [France,
Nous aſſemble en ce iour au riuage de
Nous qui par cent chemins, & cent climats diuers
Faiſons de ſon grand nom raiſonner l'Vniuers.

Le Tibre.

Quand par vn ſeul Hymen on voit toute la terre
Exempte des malheurs que produiſoit la guerre,
Le Ciel de cét Hymen honorant la ſplandeur
Va du Royal Eſpoux eſtaler la grandeur.

Dans ces vaſtes miroirs ſacreʒ à la memoire,
Où des temps reculez ſe conſerue l'Hiſtoire,
La Lune va montrer par combien de grands Rois
Paſſa l'Auguſte Sang qu'adorent les François,
Et de ces veriteʒ elle nous veut inſtruire,
Afin qu'apres par tout nous allions les redire.

I

Choro. A' i di lei veri accenti
         Sù dunque attenti, attenti.

Cinthya. Ed ecco ò Gallia inuitta.
I tuoi pregi più grandi, & immortali
Mira del primo Ciel ne' puri argenti
Come in Tempio d'honor lampe lucéti,
L'Idee delle maggior stirpi Reali.
Di queste il Ciel con ammirabil cura,
E con stupor del Tempo, e di Natura,
' Scettri à Scettri innestado, e fregi, à fre-
La Profapia formò de'i Frachi Regi; [gi
Che qual fiume di glorie
Da' Monti di Corone, e fasci alteri
Trasse i fonti primieri
Et accresciuto ogn'or da copiosi
Torrenti di vittorie,
E da più generosi
Riui di sague Augusto, oltre gli Achei
Per interrotto e limpido sentiero
Trà margini di palme, e di trofei
Inondò trionfante il mondo intéro.

TÆ D.CAMILLI LILII...
E PRIMA FAMILIA.
...e Rex armis, & Regibus
...ite celsis
...imus & antiquis culmina
   prima regens.
...ntius Fortunatus ad Regem
...ulpericum.
...bus antiquis respondens
...bilis infans.
... ad Puerum Dagobertum.
DE 2. FAMILIA.
...gens proauos veteres ab
   origine Reges.
...ymus ad Carlum Caluum.
...icibus insignes, & Regum
...ulmine fultæ
...uenere Domus.
...dianus in nuptijs Palladij,
   & Serena seu Celerina.
...egnet qui Consul erat.
...siu Apollin. Carmine 2.
... 3. FAMILIA.
...ona capiti imposita decet-
...ebat eum auis, & auis
...tirpe processisse regia.
...lgaldus Floriacensis in vita
...Roberti Regis, filij Regis Hugonis Capeti.

...ollet Triumphalibus adoreis familiæ tuæ defatigati. Sidonius Apollinaris lib. 7. Epist. 11.
...ncipe Cæsareas versemus ab ordine cunas. Anonimus ad Carlum Caluum.
Prisca Propago Augustis venit à Proauis. Sidon. Apollin. Carmine 2.
...ro Achæis Scythis ex quibus posteriores Cæsares.
...Nitido è sanguine splendor, Anonimus de Ansberto ad Carlum Caluum,
...er Danubium ad limitem Pannoniæ vsque in Oceani littoribus (custodiente Deo)
...sinatio nostra porrigitur. Rex Theodobertus ad Iustinianum Imperatorem.
...alijs mundi partibus. Orosius lib.7. cap.22. Eutropius lib 9. Sidon. Apoll. Carmine 7.
...oderius lib.2. Epist. 41. Belga Anonimus in Panegirico Constantini, Procopius lib. 1. de bello
...bite. Erchembertus, Helgaldus Floriacensis, & alij.

67

Le Chœur.

Pour la mieux escouter suspendons à la fois
Et le bruit de nos flots & celuy de nos voix.

La Lune.

Venez peuples François. Venez vous Demy-
dieux,
Esleuez vos regards jusqu'au premier des Cieux,
Et voyez dans son sein viure en dépit des Par-
ques
Ces pompeuses Maisons d'où sortent vos Mo-
narques;
C'est pour eux que le Ciel en diuerses saisons
Tira le plus pur sang de ces grandes Mai-
sons,
Et joignant Sceptre à Sceptre, & Couronne à
Couronne,
Forma cette grandeur dont la terre s'estonne;
Ce Sang comme vn torrent de qui les flots guer-
riers
Ne font naistre en ses bors que Palmes & Lau-
riers;
Poussant en diuers lieux sa course vagabonde
Auoit en diuers temps inondé tout le monde;

La Machine où descédoit la Lune s'ouure, & fait voir 15. Dames, representât 15. familles Imperiales, dont est issuë la Maison de France.

I ij

Alfin trà l'auree sponde
Della Senna guerriera
Fissò la Reggia in cui benigna infonde
Grazie à nembi ogni sfera,
Et hor più che mai prodigo
Di contentezze eterce
Ad Ibera beltà Franco valore
Sù Talamo di Pace vnisce Amore.

Choro di fiumi.

Dopo belliche noic
Oh che soaui goie!
A' dolcezze si rare oltre ogni segno
Gallia dilata il cor, nò men, ch'il Regno.

Cinthia.

Ma voi che più tardate inclite Idee?
Vscite ad inchinare
ANNA la gran Reina,
Che le bell'Alme onde sperar si dee
Che la serie diuina
De' vostri alti Nipoti il Ciel confermi
Ambo sono di lei rampolli, e germi.
Vscite à festeggiare
Ch'in sì degna allegrezza à i vostri balli

Mais enfin plus tranquille apres ces longs détours,
Dans cette heureuse terre il a borné son cours,
Terre où chacun des Cieux auec mesme abondance
Respend incessamment sa plus douce influance,
Où l'Amour dans vn lit par la Paix appresté
Vient d'vnir la Valeur auecque la Beauté.

Le Chœur.

Que nous gousterons bien cette douce allegresse
    Apres l'ennuyeuse tristesse
Qu'ont produit en ces lieux la guerre & les com-
    France dans vn sort si propice,   [bats.
    Fais que ton cœur s'épanoüisse
Lors que le Ciel estend ta gloire & tes Estats.

LA LVNE parlant aux Dames qui sont dans la Machine.

Du Ciel où vous brillez depuis cent & cent lustres,
Descendez icy bas, ô Familles Illustres ;
Venez rendre en ce jour vn homage éclatant
A cette Reyne Auguste à qui vous deuez tant, *La Reyne-Mere.*
Qui du couple Royal quasi Mere commune,
Semble seule auoir fait toute vostre fortune,
Et qui les estraignant d'vn Hymen bien-heureux
Vous promet pour iamais d'heroïques neueux :
Venez participer à cette grande Feste *La Mer se retire, & laisse libre la partie du Theatre qu'elle occupoit.*
Puisqu'à la celebrer le monde entier s'appreste,
Et que le plus mutin de tous les Elemens
Se retire & fait place aux diuertissemens :

I iij

Nelle Cerulee Valli
Già cede il campo offequiofo il Mare,
E poiche qual dopo guerrieri honori
Della Beltà fù spofo Ercole al fine,
Tal dopo mille allori
E nel primo confine
Di fua florida etade il Ré de' Galli,
Sù quefte scene a i lieti Franchi innante
Per accrefcer diletti
Riprenda hoggi i Coturni Ercole aman-
E veda ogn' vn, che defiar non sà [te,
Vn Eroïco valore.
Qui giù premio maggiore
Che di godere in pace alta Beltà.

Choro di fiumi.

Oh Gallia fortunata
Già per tante Vittorie,

Mais ce repos si doux, ces aymables merueilles
LOVYS, nous les déuons à tes penibles veilles,
Tes yeux toûjours ouuerts au bien de ton Estat
Sont les Astres benins qui forment tant d'éclat ;
Car nos celestes feux auec leur influence
Pour de si grands effets ont-trop peu de puissance :
Toy seul peux en tout temps dãs ton sublime cours
Donner à l'Uniuers le calme & les beaux jours ;
Toy seul peux en tout temps d'vn œil doux & pai-
A tes moindres subjets deuenir accessible, (sible
Pendant que redoutable au plus puissant des Rois
Tu leur fais respecter & ton Throsne & tes droits :
Toy seul peux en tout têps à toy-mesme semblable,
Tantost aux chãps de Mars paroistre infatigable,
Puis soudain ménageant le loisir de la Paix
Reparer tous les maux que la guerre auoit fais,
Et dans tes premiers ans déja couuert de gloire
Par vn second Hymen couronner ta victoire.

C'est ainsi que fameux par cêt trauaux guerriers
Alcide à la Beauté consacra ses Lauriers ;
Car le prix le plus noble & le plus magnifique
Dont se puisse payer la valeur heroïque,
C'est de pouuoir enfin auec tranquillité
Posseder plainement vne rare Beauté.

Le Chœur.

France par tes Lauriers déja si fortunée,
Que cette aymable Paix, que ce grand Hymenée

Di Pace, e d'Imenei l'vltime glorie
Ti fanno oltre ogni speme hoggi Beata.
E à fin ch' à tuoi contenti
Gioia ogn' or s'augumenti
Ecco, ch' in tè si vede
Alba di noue glorie vn Regio Erede,
Per splender più di doppio sole ornata
Oh Gallia fortunata.

Le dette Idée descendono sù 'l palco à danzare, Quindi rientrate nella medesima machina, Questa si chiude, e le riporta in Cielo.

Te vont

Te vont fournir encor de sensibles plaisirs,
Et borner doucement tes plus nobles desirs :
   Mais pour comble de biens voy, bien-heureuse
   France,
Que d'vn nouueau L O V Y S la Royale naiʃʃance
Vient t'aʃʃeurer encor pour des ʃiecles entiers,
Et cette meʃme Paix & ces meʃmes Lauriers.

Les Dames deʃcendent ʃur le Theatre pour
danʃer vne Entrée de Ballet, & puis rentrent
dans la Machine qui les reporte dans le Ciel.

K

ATTO PRIMO.

La Scena si cangia ne' lati in boscareccia, e nella prospettiua in vn gran paese contiguo alla Città d'Eocalia.

SCENA PRIMA.

Ercole.

Ome si beffa Amor del poter mio!
A me cui cede il Mondo
Farà contrasto vna Donzella? (oh Dio!)
Come si beffa Amor del poter mio!
Dunque chi tanti mostri
Vide essangui trofei di sua fortezza
Scempio farà di feminil fierezza,
E trafitto cadrà da vn van desio?
Come si beffa Amor del poter mio!
  Ah Cupido io non sò già
  Perche il Ciel soffrir ti deggia?
  Di Pluton l'horrida Reggia
  Vn di tè più reo non hà.
O di quale empietà
Sacrilego Tiranno ogn'or riempi
Il credulo tuo Regno?
Mentre ne' di lui Tempi
L'adorate Cortine
Di grazia, e di Beltà
Non celano altro alfine

ACTE PREMIER.

LA Scene se change en Bocage des deux co-
stez, qui laissent voir dans le fonds du Thea-
tre vn grand Païs à perte de veuë.

SCENE PREMIERE.

Hercule.

A Mour se mocque bien de toute ma puissance !
Moy, qui fier des Lauriers acquis par cent exploits,
Vois le monde tremblant se soûmettre à mes loix,
Vne fille me braue & me fait resistance ;
Amour se mocque bien de toute ma puissance !

    Moy qui vois chaque jour quelque monstre abatu
Eleuer vn trophée à ma rare vertu ;
Faut-il qu'atteint d'vn coup qui me couure de honte,
Ie cede sans effort à l'enfant qui me dompte ?
Amour, le Ciel te souffre, & ie ne sçay pourquoy
Puisque l'enfer n'a rien de si meschant que toy ;
Toy, Tyran, qui d'vn culte impie & ridicule
Remplis les cœurs seduits de ton Peuple credule,
Et leur fais adorer par vn charme odieux
Sous les fausses beautez d'vn sexe imperieux,

K ij

Ch'Idoli abomineuoli quà sono
Interesse, perfidia, orgoglio, e sdegno,
Così auuien per Iole
Che l'altar del cor mio
Sparga d'alti sospir malgrati i fumi,
E che vittima infausta io mi consumi.
Ah Cupido io non sò già, &c.

SCENA SECONDA.

Cala dal Cielo Venere con le grazie in vna
Machina.

Venere, Ercole, Choro di Grazie.

Venere.

SE Ninfa à i pianti
Di veri amanti
Non mai piegheuole
Niega mercè;
Di ciò colpeuole
Amor non è.

Choro. Se Ninfa a i pianti, &c.
Venere. Scoglio sì rigido.
Mostro sì frigido
Non regge il Mar
Ch'amato al pari non deua amar.
Choro. Scoglio sì rigido, &c.

Le Caprice, l'Orgueil, la Fourbe & la Colere,
Malignes Deitez, dont la gloire t'eſt chere.
C'eſt toy, cruel, qui fais qu'à demy conſumé
Du feu qui dans mon cœur par toy fut allumé,
Inſenſé que ie ſuis, moy meſme ie m'immole,
Victime malheureuſe, à l'inſenſible Yole.

SCENE SECONDE.

Venus & les Graces deſcendent du Ciel dans vne machine.

Venus. Hercule. Chœur des Graces.

Venus.

TOutes les fois qu'vne Beauté
Voit d'vn œil impitoyable
La rare fidelité
De l'Amant qu'elle à dompté,
L'Amour n'en eſt pas coupable.
Chœur des Graces.
Toutes les fois, &c.
Venus.
Il n'eſt rien d'animé
Sur la terre & ſur l'onde,
Qui, s'il eſt bien aymé,
A l'Amour ne reſponde.
Chœur.
Il n'eſt rien d'animé, &c.

K iij

Venere.   Ogn' Impero hà ribelli,
        Transgreſſori ogni legge,
        Or come e queſti, e quelli
        Giuſta forza corregge,
        Si con ſoaue incanto
        (Ch'al dominio d'Amore
        Forza è la più conforme)
        Superare à tuo prò ſpero il rigore:
        Che maligna fortuna,
        Sempre al mio figlio auerſa
        D'Iole in ſen per tuo tormento adúna,
        E godrai de miei detti
        Oggi al Giardin de fiori i dolci effetti.

Ercole.   O Dea ſe tanto alle mie brame ottieni
        Giuſto fia ch'io t'accenda
        Tutte d'Arabia l'odorate ſelue,
        E che tutte à te ſuenì
        Dell'Erimanto le zannute belue,
        Ch'il Ciel non può verſare
        De i contenti d'Amor grazie più care.

Venere.   Vanne al loco; e m'attendi, & fà ch'Iole
        Pur vi ſi renda pria che manchi il ſole,
        Ch'io dell'armi prouiſta
        Onde ſua ferità vinſer preſumo,
        Preuerrò diligente i di lei paſſi
        Per diſpor quiui pria, ch'ella vi giunga
        Rouente acuto ſtrale,
        Che per te l'arda, e punga.
           Strale inuiſibile,
           Ch' ineuitabile

Venus.

Les plus grands Roys ont veu leurs villes mutinées;
Les plus augustes Loix ont esté prophanées;
Mais comme tous les iours & les Roys & les Loix
Par vne force iuste authorisent leurs droits,
Mon pouuoir va dompter la rigueur importune
Qu'oppose à ton amour ta mauuaise fortune.
Par le secret effort d'vn doux enchantement,
(Effort le moins contraire aux respects d'vn Amant,)
I'abaisseray l'orgueil de l'inhumaine Yole:
Et pour n'esloigner pas l'effet de ma parole,
Sçache que dés ce soir, dans le iardin des fleurs,
I'amoliray son cœur, & secheray tes pleurs.

Hercule.

Si vous accomplissez cette grande promesse,
Ie vous vais immoler tous les Sangliers de Grece,
Et ce que l'Arabie a de bois parfumez
Par moy sur vos autels vont estre consumez,
Car de tant de faueurs que le Ciel nous enuoye
Rien ne nous touche tant que l'amoureuse ioye.

Venus.

Va m'attendre au iardin, & sur la fin du iour
Fais y trouuer aussi l'obiet de ton amour,
I'y seray deuant elle, & ie me tiendray preste
A faire en ta faueur cette Illustre conqueste.
Ie vais prendre des mains de mon Fils bien-aymé
Le plus fin de ses traits & le plus enflamé,

Tal forza haurà,
Ch'all' infenfibile
Piaga infanabile
Imprimerà.
Sù dunque ogni triftezza
Sia dal tuo cor fbandita,
Ch' in amor l'allegrezza
Come al Ciel più gradita
Con più felicità le gioie inuita.

Venere. ⎤
Ercole. ⎦ *A 2.* Fugano à vol
Dal bell'Impero
Del Nume Arciero
Le pene, e'l duol

Choro.   E in lui così
Gioie fol piouino,
E fi rinouino
Quegli aurei dì.

Venere. ⎤
Ercole. ⎦ *A 2.* Struggafi il gel
D'ogni fierezza
Ogni amarezza
Il cangi in miel.

Choro.   E in lui così, &c.

Ercole. Infelice, e difperato
Mentre meftiffimo
Vò notte, e dì,
Qual di bene inafpettato
Raggio puriffimo
M'apparì?
Ah che s'accefo vn cor
Auuien mai che difperi,

La Machina di Venere rimonta al Cielo.

Qui

Qui ſçaura penetrer d'vne atteinte inuiſible
L'extreſme dureté de ce cœur inſenſible.
Ne crains donc plus, Hercule, & bannis de ton cœur,
Ce triſte & ſombre amas de peine & de langueur,
Car enfin l'allegreſſe eſt aux Cieux agreable,
Et ſemble attirer d'eux vn ſort plus fauorable.

Venus & Hercule.

Banniſſons promptement
De l'amoureux empire
La peine & le martyre;
Que le cœur d'vn Amant
Deſormais ne ſoûpire
Que de contentement.

Chœur.

Que le cœur, &c.

Venus & Hercule.

Faiſons que mille amours
Tiennent en eſclauage
Le plus altier courage,
Et que ces heureux iours
Qu'on vit au premier aage
Renaiſſent pour toûjours.

Chœur.

Et que ces heureux, &c.

Hercule.

O Dieux! quel prompt ſecours, contre toute apparence,
Au fort de mon malheur, m'a rendu l'eſperance!

L

Non sà come in Amor
Con sourano poter fortuna imperi,
Di tal Nume alla possanza
Nulla inuincibile
Già mai si dà
Egli ogn'hor con gran baldanza
Fin l'impossibile
Ceder fà.

Nel resto de uoli di detta achina essen- ascosa Giu- ne, Questa discuopre as- a in un gran none.

Choro.   Ah che s'acceso vn cor, &c.

SCENA TERZA.

Giunone.

E Vuol dunque Ciprigna,
Per far contro di me gl'vltimi sforzi
De piu pungenti oltraggi,
Fauorir chi le voglie hebbe se intese
Ad offendermi ogn'hora,
Che ne gli impuri suoi principi ancora
Prima d'esser m'offese?
Chi pria di spirar l'aure
Spirò desio di danneggiarmi, e doppo
Hauer dal petto mio
Tratti i primi alimenri al viuer suo
Con ingrata insolenza
D'vccidermi tentando osò ferirmi?
Ah ch'intesi i disegni
Mà non sia ch'à disfarli altri m'insegni.
Di reciproco affetto
Ardon'Hyllo, & Iole,
E sol per mio dispetto
Lini qua Dea non vuole,

Ha ! que l'Amant qui perd tout espoir d'estre aymé,
Des changemens d'Amour est bien mal informé !

La Machine de Venus remonte au Ciel, &
dans les nuages qui la suiuent, Iunon cachée
se descouure peu à peu, & paroist assise sur vn
Paon.

SCENE III.

Iunon.

V Enus croit donc que j'aye assez peu de courage
   Pour souffrir laschement que l'on me fasse outrage,
Et peut s'imaginer qu'il luy sera permis
D'éleuer vn Tyran chef de mes ennemis ?
Elle protege Alcide, & sçait que sa naissance
A mes chastes amours fit vne indigne offense,
Et que tenant de moy son immortalité,
Luy-mesme a sur mes iours follement attenté.
Mais ie sçay leur dessein, & ie vay les confondre ;
A la flame d'Illus Yole a sceu respondre,
Et prés de leur Hymen Venus veut l'empescher,
Moins pour plaire au Tyran qu'afin de me fascher,

Ch'Imeneo li congiunga? anzi procura
Per mio scorno maggiore,
Ch'il nodo maritale ond' è ristretto
Ercole à Dejanira alfin si rompa;
A ciò ch' Iole à questi
Del di lei Genitore empio homicida
Con monstruosi amplessi oggi s'innesti.
E con qual'arte oh Dio? con arti indegne
D'ogni anima più vil non che diuina.
Ma in Amor ciò ch' altri fura
Più d'Amor gioia non è
E vn insipida ventura
Ciò ch' egli in dono, ò ver pietà non diè.
In Amor ciò eh' altri fura
Più d'Amor gioia non è.
Se non vien da grata arsura
Volontaria all'altrui fè
Casigia à fatto di natura
Come d' odio condita ogni mercè.
  In Amor, &c.
Mà che più con inutili lamenti
Il tempo scarso alla difesa io perdo?
Sù portatemi ò Venti
Alla Grotta del Sonno, e d'Aure infeste
Corteggiato il mio Tron versi per tutto
Pompe del mio furor fiamme, e tempeste.

Giunone parte e fà cader dalle nuuole della sua
Machina, tempeste e fulmini che formano
vna danza per fine del Primo Atto.

Fine del primo Atto.

Mais par quel art, ô Dieux! par vne vile addreſſe
Dont le moindre mortel blaſmeroit la baſſeſſe :
Vn plaiſir dérobé n'eſt plaiſir qu'à moitié,
Et lors que ce n'eſt point l'amour ou la pitié
Qui rend vn cœur altier à nos vœux fauorable,
C'eſt peu pour ſatisfaire vn amour veritable.
Mais faut-il en diſcours perdre vn temps precieux!
Vents, venez me porter en ces paiſibles lieux,
Où libre des ſoucis dont l'ame eſt agitée
Le Sommeil ſe repoſe au ſein de Paſithée :
Partons, & qu'entouré de malignes clartez
Mon thrône foudroyant verſe de tous coſtez
Des éclairs allumez, des tempeſtes grondantes,
De ma iuſte fureur les marques éclatantes.

Iunon retourne au Ciel, & des nuages qui
l'enuironnent elle fait tomber des tempeſtes &
des foudres, qui font la troiſieſme Entrée du
Ballet, & finiſſent le premier Acte.

Fin du premier Acte.

ATTO SECONDO.

La Scena si cangia in vn gran Cortile del Palazzo Reale.

SCENA PRIMA.

Hyllo, & Jole.

Hyllo.
Iole. } A 2. A Mor ardor più rari
Accesi mai non hà,
Che quelli onde del pari
Le nostre Alme disfà
D'auuerso Ciel le lampe
Contro di lui si sforzino,
Ch'in vece, che l'amorzino,
L'arricchiran di vampe.

Iole. Pure alfine il rispetto
Di figlio al genitor fià ch'in tè cangi
Sì amoroso linguaggio.

Hyllo. Che più tosto il tuo affetto
Non renda anch'egli al forte Alcide ommaggio.

Iole. Ah che forzar' vn Core
Nol' puote altri ch' Amore;

Hyllo. E di riuale il titolo odioso
Qualunque altro bel Nome,
Che concorra con lui, rende otioso;

ACTE SECOND

La Scene represente la cour
d'vn grand Palais.

SCENE PREMIERE.

Illus, & Yole ensemble.

A Mour n'a iamais eu de semblables douceurs
A celles que dans nos cœurs
Il verse incessament d'vne égale mesure:
Que ialoux de nostre avanture
Le Ciel tonne, & grondant sur nos chefs bien-heureux
Allume l'air troublé de mille éclairs affreux,
Loin d'esbranler vne amitié si pure
Il en augmentera les feux.

Yole.

Mais ie crains toutefois dans l'heur que ie possede,
Qu'au respect paternel vostre amitié ne cede.

Illus.

Ie dois craindre plustost que ce puissant vainqueur,
Comme il peut tout dompter, ne dompte vostre cœur.

Yole.

Vous sçauez que des cœurs Amour seul est le maistre.

Illus.

Resistez donc, Madame, & vous allez connoistre
Qu'vn pere, mon riual, par ce nom plein d'aigreur
A corrompu du sang la force & la douceur.

Vna fol vita il Genitor mi diede;
E per te, che mìa vita
Molto più cara fei.
Mille vite darei.

Iole.   E per te fol mio bene,
All'empio vfurpator contenta i' cedo
Il Regno, e'l mondo tutto, e te fol chiedo.

A 2.   Care d'affetto ardenti
Deh' non cedete a i guai,
E nel goder non vi ftancate mai;
Che de voftri augumenti
Nell'vguaglianza fol tutta fi ftà
L'amorofa felicità.

SCENA SECONDA.

Paggio, Iole, & Hyllo.

Paggio.   ERcole à dirti inuia, ch' altro non badà,
Che di faper, fe nel Giardin de' fiori
Di condurti à diporto oggi t'aggrada.

Iole.   Come fià, che ciò nieghi?
D'vn che foura di me le ftelle alzàro
Son comandi anco i prieghi.

Hyllo.   Ahi qual torbido, e amaro
Velen prefaga Gelofia m'apprefta,
Di cui folo il timor già mi funefta.

Iole.   Non temere Hyllo caro:
Che non potrà mai violenza ardita
Togliermi à tè, fenza à mè tor la vita.

Si la

Si la vie est vn bien que ie tiens de mon Pere,
La gloire d'estre à vous m'est mille fois plus chere;
Vne fois seulement il m'a donné le iour,
Ie le perdrois cent fois pour gagner vostre amour.

Yole.

Et pour vous seul aussi sans peine i'abandonne
A cet vsurpateur mes biens & ma couronne.

Illus, & Yole ensemble.

Reciproques & doux transports
D'vne passion violente;
Que du sort ennemy les plus rudes efforts
Ne vous donne point d'épouuante;
Et que des biens d'amour l'excessiue douceur
Vous laisse toute vostre ardeur.

SCENE II.

Illus, Yole, vn Page.

Yole.

Page, que voulez vous?

   Le Page. Hercule qui m'enuoye,
Demande s'il pourra se promettre la ioye
De vous parler ce soir dans le jardin des fleurs?

    Yole, à Illus.

Puis-ie le refuser?

   Illus, bas. Ha! mortelles douleurs!

    Yole, au Page.

Puisqu'il a dans ces lieux vne puissance entiere,
Comme vn ordre absolu ie reçois sa priere.

        M.

Hyllo.   E quando anche in tal guisa
  Ogn'vn meco ti perda amato Bene,
  Qual miglior sorte hauró, che cangiar pene?

Iole.   Da si graue timor l'Alma disuezza,
  Che quanto Ercol per me palesa affetto,
  Tant'hà rispetto, ed io per tè fermezza.
  Torna, dilli, ch'io vado: Hyllo vien meco.

Hyllo.   E quando io non son teco?
  Se douunque il mio piè giri, ò la mente
  T'adoro ogn'hor presente.

    Chi può viuere vn sol'instante
    Lunge dal Bello che l'inuaghì,
    Dica pur, ch'in lui morì
    Ogni pregio di vero Amante;
    D'amore il foco
    Per ogni poco
    Ch'intiepidiscasi giaccio diuiene,
    E le di lui catene
    Più strettamente auuolte
    Ogni poco, che cedano, son sciolte.

Iole.   O gloria
  D'Amor più nobile
  Confede immobile
  Sempr'arder più;
  Memoria
  Non mai vi fù,
  Che la Vittoria
  Mancassi tù.
    Si sciogliono
  Qual'hor gl'instabili

Illus.

Ha! ialouse fureur, dont le terrible abord
Semble dés ce moment me presager la mort!

Yole.

Auant qu'à voftre amour Yole foit rauie,
Elle perdra cent fois & le fceptre & la vie?

Illus.

Mais en feray-ie mieux quand vous ne ferez plus?

Yole.

Illus, raffeurez-vous, vos foins font fuperflus,
Quoy que voftre Riual ait l'humeur violente,
Il eft refpectueux, & moy ie fuis conftante.
Va, dis-luy que i'y vais. Vous, Illus, fuiuez-nous.

Parlant
au Page.

Illus.

Helas! ie ne puis eftre vn feul moment fans vous,
Et fi toft qu'vn inftant vous dérobe à ma veuë,
Mon cœur fuit la beauté que mes yeux ont perduë.
            Celuy qui peut viure vn moment
            Loin du bel objet qui l'enflame,
            Ne doit plus s'appeller Amant;
            Et l'amoureux embrafement
            Dés qu'il s'allentit en noftre ame,
            S'efteint aprés bien promptement.

            En amour, la gloire fuprême
            Eft à fuiure ce que l'on ayme:
Toûjours de plus en plus afferuy fous fa loy;
Et dans les doux combats, que ce Dieu nous aprefte,
            On ne manque point de conquefte
Que lors qu'on a manqué de courage ou de foy.

Rei più dannabili
Amor non hà
Lo spogliono
Di Deità
Poiche gli togliono
L'eternità.

SCENA TERZA.

Paggio.

E Che cosa è quest'Amore?
Di cui parlan tanto in Corte,
E canzon di mille sorte
Di luy cantano à tutt'hore.
Egli è qualche Giurmadore
Poi che à quel, che sento dire
(Senza punto intender come)
Mentre à stille dà il gioire
E il penar dispensa à some,
Fassi il Mondo adoratore
Egli è qualche Ciurmadore.

Di vederlo ebbi gran brame
Mà poi seppi, ch'impossibile,
Ch'egli sia già mai visibile
Perche sempre, è con le Dame,
E che queste al finger dotte
Si lo tengano celato,
Come s'ei stesse appiattato
Dentro le Cimmerie Grotte.

SCENE III.

Le Page.

QVel est donc cet Amour dont on parle sans cesse,
  Et pour qui tout le monde à la Cour s'interesse?
Cet imposteur malin seduit tous les esprits;
Qui, sur ce qu'on en dit, l'a iamais bien compris?
Vn mesme cœur, dit-on, le cherche & le redoute,
Il ne verse iamais les biens que goute-à-goute,
Et respand à grands flots les peines & les pleurs,
Et cependant par tout a des adorateurs;
Ie brusle de le voir, mais c'est chose impossible,
Car il a le secret de se rendre inuisible;
Iamais de le trouuer on n'est bien asseuré,
Le beau sexe où l'on croit qu'il se soit retiré
Nous le cache sans cesse auecque tant de ruse,
Que souuent le cherchant le plus adroit s'abuse.

M iij

SCENA QVARTA.

Dejanira, Licco, Paggio.

Licco. B Von dì gentil Fanciullo?
Paggio. E buona note.
Licco. Mà doue in tanta fretta?
Paggio. A far da gran Meſſaggio.
Licco. Aſcolta vn poco, aſpetta;
     Che ſò quai poſſa hauer faccende vn Paggio.
Paggio. E che tu ſai? ch' Iole
     Ad Ercole.
Licco. T'inuia.
Paggio. Si affè m'inuia;
Licco. A dirgli.
Paggio. E vero à dirgli.
A 2. Ch'al giardino de' fiori
     Ella ſi renderà com'ei deſia.
Paggio. Sei tu qualche indouino?
Licco. E ben famoſo,
     Ch'in ſimil guiſa à me nulla è naſcoſo.

SCENE IV.

Dejanire. Licas. Le Page.

Licas.

BOn iour le beau garçon.
          Le Page.   *Et bonne nuiĉt.*
                    Licas.   *O Dieux!*

Pourquoy fi promptement t'éloigner de ces lieux?
                    Le Page.

Ie fuis preffé d'aller pour chofe d'importance.
                    Licas.

Tu nous refuferois vn moment d'audience?
                    Le Page.

Oüy, car l'affaire preffe, & ie fçay mon deuoir.
                    Licas.

Ie fçay bien quelle affaire vn Page peut auoir.
                    Le Page.

Vers Alcide.
     Licas. *T'enuoye.*
               Le Page. *Oüy fans doute m'enuoye.*
                    Licas.

Luy dire.
Le Page. *Il eft tout vray luy dire.*
          Tous deux enfemble. *Que ce foir*
Dans le iardin des fleurs elle veut bien le voir.
                    Le Page.

Mais eftes vous deux?
               Licas. *Ma fcience eft fi belle*
Qu'il n'eft point de fecret qu'ainfi ie ne reuele.

Deianira. Ah crudo, ah difleale;
Ah traditore, ingrato,
Ah fcelerato, & empio
Dell' Amor congiugale
Trà noi tanto giurato:

Qui dunque hai fcelto il luogo à farne fcempio?
Ah Dejanira ogni riftor difpera,
Ch'à morir di dolor fei deftinata.

Paggio. Che? cotefta ftraniera
Anch' effa è innamorata?

Licco. Così mi dice, mà d'Amor ben vero
Comme faggio io non credo,
Ch'a gli huomin poco, & alle donne vn zero:

Paggio. Bafta per quefta Corte ogn' or volare
Si vede vn fi gran numero d'amori,
Che non habbiamo à fare,
Che ne vengan di fuori.
Ama Hyllo Iole ri amato, e l'ama
Ercole affai maluifto, ama Nicandro
Licori, e quefta Orefte, e Orefte Olinda,
E Olinda, e Celia fcaltre
Aman le gemme, e l'oro,
E Nifo, & Alidoro aman cent'altre.

                    Dejairne.

Dejanire.

Hercule, ingrat Espoux, impie & déloyal,
C'est ainsi que tu romps le lien coniugal,
Qu'vne fidelité cent & cent fois iurée
Deuoit rendre entre nous d'éternelle durée?
Helas! n'esperons plus de voir finir nos pleurs,
Mon sort est de mourir au milieu des douleurs.

Le Page.

Cette Estrangere encor sent l'amour de ses flames.

Licas.

Elle le dit, mais moy qui connois bien les femmes,
Ie croy que de ce feu dont on se plaint par tout
Les hommes en ont peu, les femmes point du tout.

Le Page.

Il est dans cette Cour des amours à douzaines,
Sans qu'il en vienne encor des Prouinces lointaines;
Car Illus ayme Yole, & d'Yole est aymé;
Auec moins de succés Hercule en est charmé;
L'ingrate Lycoris, de Nicandre adorée,
Ayme le ieune Oreste à la tresse dorée;
(et Oreste ayme Olynde & pour elle est constant,
Mais Olynde & Celie ayment l'argent comptant;
Alidor & Nisus d'vne humeur plus volage
A cent autres beautez tous les iours font hommage.

N

Licco.   E per che hà in odio Iole
          Ercole?

Paggio.   Perche vccife Eutyro :

Licco.   Et ama
          Il figlio poi di chi gli vccife il Padre?
          Hà la pianta in horrore , & ama il frutto?
             Che vuol giocar ch'io sò
             La ragion che di ciò
             Ella in fe couane?
             Vn d'efsì è troppo adulto, e l'altro è giouane.

Paggio.   Fin da principio Iole ardea per Hyllo
          Onde per compiacerla
          Le già date promeffe
          Delle nozze di lei ritolfe Eutyro
          Ad Ercole, ch'al fin fi mal foffrillo,
          Ch'vna tal dalla figlia opra gradita
          All' infelice Ré coftò la vita.
          E tù, ch'il tutto fai
          Non fai, ch'Ercol'm'attende? e ch'egli è amante?
          E che fra quanti mai
          Ardono al mondo d'amorofa fiamma
          Non v'è di pazienza vna fol dramma.

Licas.

Mais pourquoy donc Yole a-t'elle auersion
Pour Hercule qui l'ayme auecque passion?

Le Page.

Elle ne peut aymer l'assassin de son Pere.

Licas.

Si de la mort d'Eutyre elle a tant de colere,
Peut-elle aymer Illus fils de son assassin?
Je voy bien le secret qu'elle cache en son sein,
Et le Pere & le Fils sont vers elle coupables,
Mais tous deux ne sont pas également aymables,
Et le Pere a des-ja passé ses plus beaux ans
Quand à peine le Fils entre dans son Printemps.

Le Page.

Illus fut de tout temps le bien-aymé d'Yole,
Et ce fut pour complaire à cette amour friuole
Qu'Eutyre, vn peu trop tendre, osa rompre l'accord
Qui d'Alcide à sa Fille auroit vny le sort,
Ce qu'Alcide souffrit auec tant de furie
Qu'au malheureux Eutyre il en cousta la vie.
Mais vous qui sçauez tout, vous deuez bien sçauoir
Qu'Hercule qui m'attend, brusle de me reuoir,
Et qu'entre les vertus dont vn amant se pare
Touiours la patience a paru la plus rare.

SCENA QUINTA.

Dejanira, Licco.

Deianira. Misera, oimè, ch'ascolto
Non sò, se più gelosa
Esser dea come Madre, ò come sposa,
Che commune è 'l periglio
Allà mia fede congiugale, e al figlio;
Almen con soffrir l'vno
Schiuar l'altro potessi: oh Dio qual sorte
Prefisse iniquo fato a i miei Natali
Ch'io soffra à doppio i mali
Ne per schiuarne alcun basti mia morte.
O presagi funesti:
Ercol spirti non hà, se non feroci,
E non ferian già questi
I di lui primi porricidi atroci.
Come mal mi lasciai
Stascinar da' miei guai
A queste Eubee contrade,
Oue il destin m'.fabricò l'Inferno:
Ora, ahi lassa, discerno
Quanto meglio era entro le patrie mura
Di Calidonia sospirar piangendo
Miei dubbi oltraggi, che con duol più horrendo
Esserne qui sicura,

SCENE V.

Dejanire. Licas.

Dejanire.

Dieux! que viens-ie d'oüir? le croiray-ie de vous,
Trop chery mille fois, & trop ingrat Espoux;
En quelle qualité dois-ie estre plus ialouse,
Comme Mere d'Illus, ou comme vostre Espouse?
Car vostre nouueau feu met en peril égal
Le salut de mon fils & le nœud coniugal,
Que de ces deux grands maux qui composent ma crainte,
Ne puis-ie en souffrant l'vn, fuïr de l'autre l'atteinte!
Mais l'vn s'attache à l'autre, & dans mon triste sort
Ie ne les sçaurois mesme esuiter par ma mort.
Hercule est violent, & son cœur sanguinaire
N'esteint que dans le sang l'ardeur de sa colere.
Ha! que mal-à-propos mon amour curieux,
Pour m'accabler d'ennuis, m'a conduite en ces lieux!
Et qu'il m'estoit plus doux d'estre en Grece à me plaindre
Des malheurs incertains que l'absence fait craindre,
Que d'herrer vagabonde, & par tant de trauaux
Me venir plainement asseurer de mes maux.

N iij

Ahi ch'amarezza
Meschina me
E la certezza
Di rotra fè!
Ahi come, oimè,
La Gelosia
Di furie l'Erebo impouerì.
E l'alma mia
Ne riempì

S'in amor si raddoppiaffero
Tutti i guai, tutti i tormenti,
E ch'in luy folo mancaffero
I fofpetti, e i tradimenti.
Fora Amor tutto dolcezza;
Ahi ch'amarezza, &c.

Licco. Ah fù fempre in Amor ftolto configlio
Il cercar di fapere
Punto di più, che quel bafta à godere;
Copron l'indiche balze
Sotto afpetto villan vifcere d'oro;
Mà ben contrario affato
L'amorofo terreno
Sotto vna fuperficie preciofa
Sol cattiua materia hà in sè nafcofa.
Onde chi vuole in lui
Gir fçauando tal'or con mefta proua
Più s'inoltra à cercar peggio ritroua;
Ben lo dicea, che noi fariam venuti
A incontrar pene, e rifchi.
Ah che d'Ercole irato
Qualche ftral ben rotato

Que nous sentons vn mal extrême,
Quand auecque trop de clarté
Nostre ame, de l'obiet qu'elle ayme,
Voit toute l'infidelité!

Qu'Amour de tous les cœurs soufmis à son empire
Redouble incessamment la peine & le martyre,
S'il en oste la fourbe & les soupçons ialoux
L'Amant le moins heureux sera contraint de dire
Que l'empire d'Amour est doux.

Licas.

En amour c'est toûiours vn dessein temeraire
De vouloir plus sçauoir que ce qui nous peut plaire,
Si les Monts Indiens sous vn aspre dehors
Cachent des veines d'or les precieux thresors,
L'Amour tout au contraire abusant l'esperance
Couue cent maux cachez d'vne belle apparence,
Et qui dans son secret veut aller trop auant,
Deuient plus malheureux, plus il deuient sçauant.
Ie vous l'auois bien dit, qu'en ce maudit voyage
La peine & les dangers seroient nostre partage.
Dieux! ie croy que des-ia i'entens autour de nous
Siffler les traits mortels que lance vostre Espoux.

Parmi fentir, ch'intorno à me già fifchì.

Dejanira. Ah Licco il cor ti manca, ohimè, che fià
Di me fenza il tuo ajuto?

Licco. Ah Dejanira:
Dunque, dunque tù temi?
Io non hò già pauura.

Dejanira E in tanto tremi.

Licco. Mà vè; poiche nel mondo
Ogni cofa hà mifura;
Forz'è che l'habbia ancor la mia brauura:
E fi come trà quelli,
Che fè nemico Ciel fenza danari
Chi hà quatro foldi é ricco:
Così per brauo io folamente fpicco
Fra tutti quanti li poltron miei pari.

Dejanira. Dunque che far dourem?

Licco. N'han già cangiati
In guifa tal quefti abiti villani,
Che fe guardinghi andremo
Ad altro non potrà ch'alla fauella
Ercole riconofcerne: per tanto
Auuertir ne conuiene
Che qualche beffa, ò crocchio
(Grazie, ch'alli ftranier verfa ogni Corte)
Non c'irriti à parlare; & di tal forte
Farem la guerra all'occhio.

Quoy

Dejanire.

Quoy donc dans le besoin ton courage s'estonne,
Que deuiendray-ie, helas! si Licas m'abandonne?

Licas.

Hercule aux plus vaillans a donné de l'effroy,
Et vous le redoutez peut-estre autant que moy.

Dejanire.

Ie le tesmoigne moins,

Licas.

    Mais par nostre industrie,
Madame, s'il se peut, esuitons sa furie.

Dejanire.

Dis donc, que ferons-nous?

Licas.

    Ces habits villageois
Nous desguisent si bien, que rien que vostre voix
Ne nous peut descouurir aux yeux d'Hercule mesme;
C'est pourquoy nous deuons auec vn soin extresme
Garder qu'aucun affront, ny mauuais traitement,
Graces qu'aux estrangers on donne largement,
Ne nous fasse eschapper à trop d'impatience
Et nous oblige enfin à rompre le silence.

SCENA SESTA.

La Scena si cangia nella grotta del Sonno.

*Pasithea, il Sonno, Coro d'Aure,
e Ruscelli.*

Pasithea.
Mormorate
O' fiumicelli
Susurate
O Venticelli,
E col vostro susurro, e mormorio
Dolci incanti dell' oblio,
Ch' ogni cura fugar ponno
Lusingate al sonno il Sonno.
Chi da ver' ama
Vie più il diletto
Del caro oggetto
Che 'l proprio brama,
Quind' è ch' io posi
La notte, e 'l die
Le contentezze mie
Del Consorte gentil ne' bei riposi.
Mormorate
O fiumicelli, &c.

Choro.
Dormi, dormi, ò Sonno dormi
Fra le braccia à Pasithea
Ninfa hauer non ti potea
Più d'affetti à tuoi conformi:
Dormi, dormi, ò Sonno dormi.

SCENE VI.

La Scene repreſente la grotte
du Sommeil.

Paſithée, le Sommeil, Chœur de Zephirs
& de Ruiſſeaux.

Paſithée.

Mvrmurez, ô Ruiſſeaux, & vous charmans Zephirs,
  Par le doux bruit de vos ſoupirs,
Eſloignez tout ſoucy du bel objet que j'ayme,
Et flattez le ſommeil du Dieu du Sommeil meſme :
  Quand nous aymons ſincerement,
  Nous penſons toute noſtre vie
  A chercher le contentement
  Du bel obiet qui fait noſtre tourment,
  Plus qu'à contenter noſtre enuie.
C'eſt ainſi que ie mets mon plaiſir le plus doux
Dans le profond repos de mon aymable Eſpoux.

Chœur.

Dans le beau ſein de celle qui t'adore
Repoſe, heureux, Eſpoux, & dors tranquilement,
Il ſeroit mal-aiſé d'en trouuer vne encore
D'vne humeur ſi conforme à ton temperament :

      O. ij

Dormi, dormi, ò Sonno dormi
Soura à te gli amori iſteſſi
Lente mouano le piume;
E'al tuo cor placido Nume,
Geloſia mai non appreſſi
De'ſouoi rei ſoſpetti i ſtormi
Dormi, dormi, ò Sonno dormi.

SCENA SETTIMA.

Cala Giunone dal Cielo.

*Giunone, Paſithea, il Sonno, Choro d'Aure,
e Ruſcelli.*

Paſithea. O Dea ſublime Dea,
E qual nuouo deſio
A queſt' umile albergo oggi ti mena?
Giunone. Zelo dell'honor mio
E della fede altrui
A me già ſacra, e da ſacrarſi, à cui
E frodi, e violenze altri prepara,
Onde per fare à ciò ſchermo innocente
Sol per vna breue hora
Di condur meco il Sonno vopo mi fora.
Paſithea. Ohimè di nuouo eſporre
Di Gioue all'ire ogni mio ben vorrai?
Nò, ciò non fià più mai.
Giunone. Non temer Paſithea,
Che ſolo è mio penſiero
Di valermi di lui con men che Numi
Di già ſoggetti al di lui pigro impero.

Que d'vne aiſle lente & diſcrete
Les Amours voltigeans craignent de t'eſueiller :
Que la Ialouſie inquiete
Loin de toy pour iamais te laiſſe ſommeiller.

SCENE VII.

Iunon deſcend du Ciel.

Iunon. Paſithée. Le Chœur.

Paſithée.

Q Velle auanture donc impreueuë & nöuuelle,
Grande Reine des Cieux, icy bas vous appelle?

Iunon.

Pour vn beſoin preſſant, ô Nymphe, accorde-moy
Que i'emmeine vn moment ton Eſpoux loin de toy,
Il y va de ma gloire, il y va de defendre
Vne ieune beauté qu'on s'appreſte à ſurprendre.

Paſithée.

Quoy de noutueau ce bien qui m'eſt ſi precieux,
L'expoſer au courroux du plus puiſſant des Dieux?

Iunon.

Non, non, ſi du Sommeil i'emprunte l'aſſiſtance,
C'eſt contre des mortels ſouſmis à ſa puiſſance.

O iij

Pafithea. E di ciò m'afficuri?

Giunone. S'ancor vuoi che te 'l giuri
Su 'l Germano di luy, lo Stigio Lethe.

Pafithea. Bafta Giuno: quiete
Son già mie voglie al tuo defir fourano.

Giunone prende nel fuo carro il Sonno e par- *Giunone.* Porgilo dunque à mè, Diua, pian piano,
Dell' amorofe pene
Sofpirato riftoro,
Vital dolce teforo,
Ch'il mondo più che Cerere mantiene
Dal neghittofo fpeco
Soffri di venir meco,
Ch' Amore hoggi difpone
Contro l'empia infolenza
Di ftraniera potenza
Della fua libertà farti campione.

Tutti. Le rugiade più pretiofe
Tuoi papaueri ogn'or bagnino,
E per tutto gigli, e rofe
Co'lor aliti t'accompagnino.

Pafithea. Vanne, e fà breue dimora,
Che s'il tuo tardar noiofo
Ad ogn' vn tanto è penofo,
Che farà per chi t'adora?
Et amore hà ben la gloria
Di faper nel Sonno encora
Tener defta la memoria.

Tutti. Le rugiade più pretiofe
Tuoi papaueri ogn'or bagnino, &c.

*Li fogni giacenti per la grotta formano fognando
la 4. danza per fine del 2. Atto.*

Pasithée.

Puis-ie m'en asseurer?

Iunon. *Ie te le iure.*

Pasithée. *Hé bien,*

Vostre desir, Deesse, est secondé du mien.

Iunon.

Sus donc, tout doucement souffre que ie le prenne.
Vien, cher soulagement de l'amoureuse peine;
Vien, doux thresor de vie, & consens que l'Amour
Dans vn combat fameux te choisisse en ce iour
Pour defendre ses droits & vanger sa puissance,
Qu'attaquent à la fois l'art & la violence.

Le Chœur.

Que de perles & de rubis
Tes Pauots arrosez tous les iours reuerdissent;
Et que les roses & les Lys
Te parfument par tout & sous tes pas fleurissent.

Pasithée.

Va donc, mon cher Espoux, mais reuiens promptement :
Car si tout autre souffre en ton retardement,
Voy quel sera l'ennuy de celle qui t'adore;
Souuiens-toy du beau feu qui pour toy me deuore,
Et nous fais voir qu'Amour a droit d'entretenir,
Mesme dans le sommeil, vn vif ressouuenir.

Iunon emmeine dans son Char le Sommeil, &
les Songes qui estoient couchez dans sa grot-
te se leuent & font la quatriesme Entrée du
Ballet, & la fin du second Acte.

ATTO TERZO.

*Si cangia la Scena in vn Giardino d'Eocalia,
e Venere cala dal Cielo a terra, in vna
nuuola che sparisce.*

SCENA PRIMA.

Venere, Ercole.

Venere. Ol s'inarcan gli Emisferi
Per stupor
Che trouar l'Inferno io speri
Più cortese hoggi, ch'Amor,
Mà per me fin dalla cuna
Fù geloso ei del suo imper,
E vi soffre di fortuna
Il tyrannico voler,
Che timor non gli arteca,
Compagnia nel regnar pur che sia cieca.

Ercole. E per me cangi ò Dea
Le delitie del Ciel con questo suolo?
Ed'or perche non manda
La palude Lerneà
E la Selua Nemeà
Nou'Idre, altri Leoni à far qui meco
Gloriosi contrasti,
Onde à tè formi ò Dea grati olocausti?

ACTE

ACTE III.

La Scene ſe change en vn Iardin, & Venus
deſcend du Ciel dans vn nuage qui
diſparoiſt incontinent.

SCENE PREMIERE.

Venus. Hercule.

Venus.

L E ciel s'eſtonne, & ne ſçauroit comprendre,
Pour quel ſuiet ie puis attendre
Des Dieux de l'Infernale Cour
Plus de faueur que de l'Amour ;
Mais ce petit Ingrat, qui de moy prit naiſſance,
Pour moy ſeule ialoux de ſon authorité,
Partage ſouuent ſa puiſſance
Auecque la Fortune, aueugle Deïté,
Et ne veut prendre confiance
Qu'en ceux qui comme luy ſont priuez de clarté,
Et comme luy deſpourueus de conſtance.

Hercule.

Deeſſe, en ma faueur vous honorez ces lieux
Du plus brillant eſclat dont ſe parent les Cieux :
Monſtres, en ce tranſport d'vn reſpect legitime,
Naiſſez pour deuenir de Venus la victime.

P.

Venere. Pur ch'io giunga à cangiar nel crudo seno
D'Iole il core, e te lo renda amante
Ne trarrò tal piacere,
Che fia d'ogni opra mia premio baſtante,
Mira queſt è la Verga onde fà Circe
Magiche marauiglie;
Al di cui moto vbbidienti ancelle
Per patto inalterabile ſon tutte
De lidi Acherontei l'anime felle
Hor' in virtù di sì potente ſtelo
Doue tocco la terra
Naſcerà feggio erboſo in cui ripoſte,
Dà ſpiriti laſciui à ciò coſtretti
Le Mandragore oſcene
Di pallido color la Lidia pietra
E d'amoroſe Rondinelle i cori
Faran, ch'Iole, allor, ch'in lui t'affida
Cangi per te il ſuo ſdegno in dolci amori.

asce di ſot- rra la ſedia ntata ſata ſerbe e di

Ercole. Diua ad opre sì rare
Inſolito tremor tutto mi ſcuote,
E poi ch'eſſer non puote
Timor (da mè don conoſciuto encora)
Eorz'è che fia per inſpirar ſuperno;
Di futuro gioir preſagio interno.
Mà pur nel penſier mio ſceman di pregio
Quelli, ch'à mè prometti
Soſpirari diletti,
Qual'hor laſſo m'auueggio
Ch'à far miei dì giocondi
Tratte non ſian tai gioie
Dal mar d'Amor, mà da gli ſtigij fondi.

Venus.

Si ie te puis liurer le bien que tu pretens,
Ma gloire est satisfaite, & mes desirs contens.
Regarde cette verge en miracle feconde,
Qui soûmet à Circé l'Empire du bas monde,
Et fait mouuoir, soûmis à ses commandemens,
Tous les Dieux sousterrains & tous les Elemens.
Par son diuin pouuoir cette verge enchantée
Va par ma main puissante en cet endroit portée,
Produire vn siege herbeux, où par force excitez
Les Demons amoureux viendront de tous costez,
Y porter à l'enuy les pierres & les plantes
Qui iettent dans les cœurs des flames violentes
Afin que leur secrette & necessaire ardeur
D'Yole en vn moment dissipe la rigueur.

Il naist de la terre vn siege enchanté couuert d'herbes & de fleurs.

Hercule.

Parmy tant de faueurs que ta bonté m'octroye,
Quel tremblement m'agite, & se mesle à ma ioye,
Sans doute la frayeur ne l'a pas prouoqué,
Elle de qui iamais ie ne fus attaqué ;
Ce subit changement n'est qu'vn secret augure
Du bien-heureux succés qu'aura cette auanture :
Mais enfin quelque ardeur dont mon cœur soit surpris,
Le plaisir que i'attens perd beaucoup de son prix,
Quand Amour me fait voir qu'il faut que ie l'obtienne
De la faueur d'Enfer, & non pas de la sienne.

Venere.   O di questa Canzon. Pur che tù goda
    Ch' importa à tè
    Che sia per froda
    O per mercè?
    Pur che tù goda
    Ch'importa à tè?
    Ch' altro è l'amare?
    Ch'vn guerreggiare,
    Oue in trionfo egual lieti sen vanno.
    Il valor', & l'inganno:
    Infelice non sai?
    Che nel gran Regno del mio figlio arciero
    Non v'è (tolto il penar) nulla di vero.
    Prendi il crin, che fortuna
    Per mia man t'offre in dono:
    Torbido riuo ancóra
    Spegne sete infinita,
    E per languida inedia vn che si mora
    Non scieglie i cibi à sostenersi in vita:
    Mà mentre à te giusta ragion m'inuola
    Se d'altro vopo ti sia
    Mercurio inuierò, che ratto vola.
A 2. E per che Amor non fà,
    Ch' all'amorosa schiera
    Sol delle gioie sue sia dispensiera
    O ragion, ò pietà?
    E perche crudeltà
    Perche il rigor
    In guardia ogn'or le haura?
    Dunque per inuolarle ogn'arte ancor
    Lecita altrui sarà:

Venus.

Aprens cette chanſon, trop delicat Amant;
   Pourueu qu'on ait contentement;
   N'importe par qui, ny comment;
   Pourueu qu'on entre en joüiſſance,
Qu'importe que ce ſoit ſurpriſe ou recompenſe;
Amour eſt vne guerre, où toûjours le vainqueur
   Triomphe auec meſme allegreſſe,
   Soit qu'il ſurmonte par adreſſe,
   Ou par l'effort de ſa valeur.

  Helas, ne ſçis-tu pas qu'en l'amoureux empire
Tout eſt vain, tout eſt faux, excepté le martyre?
Prens donc aueuglement la belle occaſion
Que cet enchantement offre à ta paſſion:
Mais contrainte à partir pour vne autre auanture,
Pour t'ayder au beſoin, i'appelleray Mercure.

Hercule.

   Que la raiſon ou la bonté
   Ne ſont-elles toûiours maiſtreſſes
   Des amoureuſes richeſſes!
Et d'où vient que l'orgueil & l'inhumanité
Ont eu pour les garder toute l'authorité?
Mais enfin dans ce ſort, dont la rigueur nous bleſſe,
Peut-on iamais blaſmer ou la force ou l'addreſſe
Par qui de leur pouuoir ce treſor eſt oſté?

D'vn' ardente defio giung e r'al fegno
Sì, sì, gioco è d'indegno.

SCENA SECONDA.

Ercole , Paggio.

Ercole.   A Mor contar ben puoi
        Frà tuoi non minor vanti
        Che dell'ardir, che torre à mè non feppe
        Co' latrati di Cerbero, & orrèndi
        Strepiti fuoi lo fpauentofo abiffo;
        Tù difarmato m'hai, sì ch'io, che colfi
        Ad onta del terribile cuftode,
        Con intrepida man l'Efperie frutta,
        Quafi di foftenere or non ardifco
        Lauicinar del bel per cui languifco,
        O quale inftillano
        In arfo petto
        Rai, che sfauillano
        Di gran beltà,
        Vmil rifpetto,
        Baffa Vmiltà:
        Il Ciel ben sà
        A' sì fuprema
        Adorabil Maeftà,
        S'ei pur non trema?
Paggio. Sarà com'hai difpofto
        Iole qui ben tofto.
Ercole. E doue la trouafti?

SCENE II.

Hercule. Le Page.

Hercule.

Amour, tu le sçais bien, i'ay veu l'affreux Cerbere
De tous ces trois gosiers escumer de colere,
Et sans m'en estonner, iusqu'au fond des Enfers
I'ay de ses prisonniers ose briser les fers :
Malgré leur fier dragon, les pommes Hesperides
Deuinrent le butin de mes mains intrepides :
Et moy-mesme, qui vis ces dangers sans effroy,
Timide, maintenant, & desarmé par toy,
Ie ne puis soustenir sans vne crainte extresme
L'approche de l'obiet que ie cherche & que i'ayme.
　　O que les traits d'vne rare beauté
Inspirent dans vn cœur qui pour elle soupire,
De respect, de foiblesse & de timidité!
Les Dieux qui tiennent tout soumis à leur empire,
　　Tous grands qu'ils sont, n'oseroient dire
　　Que pres d'vn obiet plein d'appas
　　Quelque fois ils ne tremblent pas.

Le Page.

Seigneur, suiuant vostre ordre, Yole est preparée
A venir en ces lieux.

Hercule.

Où l'as tu rencontrée?

Paggio. Nel Cortil regio à fauellar d'Amore,

Ercole. A fauellar d'Amor? con chi? deh dillo
    Del' Amor mio?

Paggio. Dell' Amor fuo con Hyllo.

Ercole. Come? Dunque il mio figlio
    Mio riuale diuuenne?
    A tal temerità farebbe ei giunto?
    Tù non hai ben comprefo
    Semplicetto garzone.

Paggio. Eccoli appunto.

S C E N A   T E R Z A.

Ercole, Iole, Hyllo, Coro di Damigelle,
e Paggio.

Ercole. BElla Iole, e quando mai
    Sentirai
    Di mè pietà?
    Chi la chiede al tuo rigore
    Hà valore
    Per domare ogn' impietà
    Mà non fia, che teco impieghi
    Se non prieghi
    E mefti lai;
    Belle Iole, e quando mai?

Le P age,

Le Page.

Dans la Cour.

Hercule. *Qu'y fait-elle ?*

Le Page. *Elle y parle d'amour.*

Hercule.

De mon amour, sans doute ? Auec qui de la Cour ?

Le Page.

Seigneur, elle parloit auec Illus qui l'ayme,
Du feu que pour luy seul elle sent elle-mesme.

Hercule.

Quoy donc, ainsi mon fils deuiendroit mon riual ?
Quelle temerité ! tu les entendois mal.

Le Page.

La voicy iustement.

SCENE III.

Hercule, Yole, Illus.

Hercule.

APres tant de souffrance,
Belle Yole, pour moy ne pourrez-vous auoir
Vn moment d'indulgence ?
Celuy qui la demande, est sans doute en pouuoir
De vaincre vostre resistance ;
Mais il ne veut vser d'aucune violence
Que de celle que font sur vn cœur genereux
Le respect, la patience,
Et les soûpirs amoureux.

Q

Iole. Quando il mio cor capace
    Fosse d'vne lieue Amor per chi m'vccise
    Il Genitor diletto
    Hauer per me douresti
    Orrore, e non affetto.

Ercole. A bella Iole
    A sì gran crime, e di sì gran castigo
    Degno, qual per me fora
    L'impossibilità dell' Amor tuo:
    Imputar mi vorrai
    Vna proua fatale;
    E vn' impulso senzar freno, oh Dio,
    Dell' infinito ardor, dell' amor mio?
    Quand' il Tonante istesso
    Negarmi com'Eutyro, hauesse ardito
    Vn ben sì desiato, e à me gromesso,
    Come già contro il Sole, e 'l Dio triforme
    Stato non fora contra lui men parco
    Di strali auuelenati il mio grand' Arco.

Iole. Io sola fui cagion, che il Ré mio Padre
    Rompesse à te la data fede;

Ercole. A come
    A ciò tù l'inducesti?
    Dunque tù l'vccidesti.
    Che d'vn mal, che sì feo,
    Chi la causa ne diè, quegli n' è reo.
    Mà pon bella in oblio
    Sì funeste memorie, e sì noiose,
    E qui meco t'assidi,
    Poiche depost' anch'io

Yole.

Si iamais de t'aymer mon cœur eſtoit capable,
Toy, l'ennemy d'Eutyre, & de ſa mort coupable,
D'vne ſi laſche ardeur & confus & ſurpris:
Toy-meſme tu n'aurois pour moy que du meſpris.

Hercule.

Ha cruelle ! faut-il que l'on m'impute à crime
Vn effet qu'a produit mon ardeur legitime?
Et refuſerez-vous de m'aymer quelque jour
Parce que j'ay trop fait pour gagner voſtre amour?
Si Iupiter luy meſme euſt oſé comme Eutyre
M'oſter ce bien promis, pour qui mon cœur ſoupire,
Ie l'aurois obligé de me tenir ſa foy,
Ou de deſcendre icy pour combattre auec moy.

Yole.

Ce fut par l'effort ſeul des prieres d'Yole
Que ſon Pere indulgent te manqua de parole.

Hercule.

Cruelle, ce fut vous? Ce fut donc vous auſſi
Qui cauſaſtes la mort qui fait voſtre ſoucy:
Mais permettez enfin qu'vn image ſi noire
Sorte de voſtre cœur & de voſtre memoire:
Aſſoyez-vous icy, pour voir le changement
Que l'amour peut produire en vn parfait Amant.

L'innata mia ferocia, anzi cangiata
In conocchia la Claua.
Rauifar ti farò, che quale ogn' altra
Tua più deuota Ancella
Non mai prenderò à vile
Di renderti ogni offequio il più feruile.
Quà gira gli occhi Athlante.
E per fomma Beltà
Mira quel, ch' oggi fà
Ercole amante:
Mà non ne rider già
Che fe tal è il voler
Del pargoletto Arcier
Tutte fon opre gloriofe, e belle
Tanto il filar, che foftener le ftelle.
   Sol per voler d'Amore,
Chi in Ciel Etho frenò
Armenti ancor guidò
Nume, e Paftore:
E non ne rifer nò
Gl'altri Dei, ch'il mirar;
Che fan ben ch' in amar
Tutte fon opre, &c.

Iole. Mà qual? mà come io fento
Spuntare entro il mio petto
Per tè improuifo, e inuolontario affetto?
Onde forz' è ch'io t'ami

Hyllo. Oime, ch' afcolto!
E non fogno? e fon defto? e non già ftolto?
Così cangiafi Iole?

Pour viure aupres de vous dans ce foible exercice,
Ie souffre auec plaisir que ma gloire perisse,
Et semblant oublier tous mes trauaux guerriers,
Change en de vils fuzeaux ma masse & mes lauriers.

Dans vn si nouueau ministere,
Atlas, iette sur moy les yeux;
Et voy ce qu'Amour me fait faire;
Mais loin de t'en mocquer, aprens, audacieux,
Que tout ce qu'on fait pour luy plaire,
Filer, ou soustenir les Cieux,
Est également glorieux.

Quand quittant le celeste Empire,
Berger, & Dieu tout à la fois,
Apollon conduisit les trouppeaux autrefois,
Pas vn des Dieux n'en osa rire:
Ils connoissent d'amour le ioug imperieux,
Et que tout ce qu'il nous inspire,
Filer, ou soustenir les Cieux,
Est également glorieux.

Yole, assise sur le siege enchanté.

Mais qu'est-ce que ie sens? d'où peut naistre en moy mesme
Ce mouuement forcé qui fait qu'enfin ie t'ayme?

Illus.

Ha! que viens-ie d'entendre? est-ce vne verité?
Yole, qu'as-tu fait de tant de fermeté?

Q iij

Fragil feminea fede;
Ben merta i tradimenti vn, che ti credo.

Ercole. Hyllo, di che t'offendi?
Che senso hà tal linguaggio?
(Non mal l'intese il Paggio)
Ami tù dunque Iole?

Hyllo. Io per vn'empia
Ingrata al Padre, al Mondo, al Ciel spergiura,
Che soffrissi nel cuor d'Amor l'arsura?
Per vna sì mutabile, ch'à vn tratto
Con subito consenso
Alla mia Genitrice, à Dejanira
Tecò à far sì gran torto (oime) cospira?
Versi pria sul mio capo irato Gioue
Tutti i fulmini suoi,
E il più negro baratro m'ingoi.

Iole. O mè infelice, ò misera, che fei?
Vccidetemi, oh Dei.

Ercole. Fin'ora à te d'Eutyro
Me men di Dejanira vnqua non calse.
Parti, e ringratia il Ciel, che ben ti valse,
Che d'esser mitte oggi disposi.

Hyllo. A Diò:
Andrò morte à cercar per quelle balze.

Que ce sexe est trompeur! que l'ame qui s'y fie
Merite iustement d'en estre enfin trahie!

Hercule,

Que dites-vous, mon Fils? le Page auoit raison,
Yole a donc les veux de toute ma maison?

Illus.

Auant qu'elle ait les miens, Seigneur, cette parjure,
Qui sans considerer les droits de la nature,
Sans écouter la voix d'vn Pere au monument,
De son propre assassin peut faire son amant,
Et ce qui plus me touche, auecque vous conspire
Pour rauir vn espoux si cher à Deianire;
Auant qu'elle ait les miens, que les feux & les fers
M'accablent de douleur au milieu des enfers.

Hercule.

Cherche d'autre couleurs, les interests d'Eutyre.

Yole, se leuant.

Ha! malheur, qu'ay-ie fait?

Hercule.

Ny ceux de Deianire,

Ingrat, ne t'ont iamais est si precieux;
Va, sors de ma presence, & rends graces aux Dieux
Qui pour te dérober à ma iuste colere
M'ont fait prendre auiourd'huy des sentimens de Pere.

Illus, à Yole.

Adieu, cruelle, adieu, ie vais chercher la mort.

SCENA QVARTA.

Ercole, Iole, Paggio.

Ercole. E Tù a che penſi Iole?
Iole. All' error mio,
Se ben ciò che mia lingua
Diſſe dianzi ah nò, non lo diſſ' io.
E l'alma forſennata,
Nel frenetico errore
Altra parte non hebbe
Che di gran pentimento alto dolore.

Ercole. Deh non volere, ò Bella,
Far con rai ſentimenti
D'Hyllo più graue il fallo,
E le giuſte ire mie tanto più ardenti;
Dì nuouo quì meco t'aſſidi, & penſa,
Penſa meglio al tuo dire,
Ch'or con rigide voglie, or con inſide,
Troppo è tentar di ſofferenza' Alcide.

Iole. Ah chi sì toſto inuola
All' attonita mente
L'impreſſion più care? e del mio ſeno
La più tenera parte
Per tè di ſtrano affetto
Con recidiua d'inconſtanza imprime?
Chi l'auuerſo mio Cor ſuolge ad amarte?

SCENE

SCENE IV.

Hercule, Yole.

Hercule.

ET vous, quel suiet donc vous fait rêver si fort?
            Yole, leuée de dessus le siege enchanté.
Ie pense à mon erreur, car flattant ton martyre,
Ma langue seule a dit ce que ie viens de dire,
Et mon cœur innocent, bien loin d'y consentir,
N'a part en cet aueu que par son repentir.

Hercule.

Belle, vous augmentez par ce discours seuere
Le crime de mon fils & ma iuste colere,
Assoyez-vous plustost, & pensez meurement
A prendre pour tous deux vn meilleur sentiment,
Et que changer sans cesse auec tant d'inconstance
Ce seroit trop tenter ma foible patience.

Yole, assise.

Mais qui rauit si-tost à mon esprit confus
L'image de l'objet qu'il cherissoit le plus,
Et qui si promptement auec vn trait de flâme
Retrace ton portrait dans le fond de mon ame?
Par qui mon cœur forcé retourne t'il à toy?
Helas! tous les desirs que ie sens naistre en moy

R

A che trà miei penfieri
Più non nè trouo alcuno
Ch' idolatra non fia de tuoi defiri,
A che non fpiro più che i i tuoi refpiri.

Ercole. E pur potranno in breue
 Dell' inftabil tuo fpirto
 Le folite vicende
 Ricangiar tanto amore
 In più crudo rigore.

Iole. Ciò non remer, che fono
 Si fortemente rannodati, e ftretti
 I lacci ond' è di nuouo
 Per te queft' alma auuolta,
 Che più come fcamparne alla non vedé,
 Chiedì qual pegno vuoi della mia fede.

Ercole. Dunque sù di tua mano
 Per fermezza amorofa
 Quello porgimi fol d'effer mia fpofa.

Iole. Nol rifiuto, mà lafcia,
 Ch' in fegrete preghiere
 Del Genitore all' oltraggio fpirto
 Per addorcirlo in quelche guifa almeno
 Prima, ch' affato à tè mi doni in preda,
 Io licenza nè chieda.

Ercole. Pur che ciò fia fol Ceremonia al Vento
 Sì, sì, ne fon contento.

Me portent à chercher tout ce que tu defires,
Ie n'ayme à refpirer que l'air que tu refpires.

Hercule.

Mais cet amour fi tendre en ce cœur fi leger,
Peut-eftre en cruauté fe va bien-toft changer.

Yole.

Alcide, ne crains point, car mon ame charmée
Eft pour toy deformais tellement enflamée,
Que ie ne me fçaurois figurer feulement
Comment pourroit s'efteindre vn tel embrafement,
De ma fidele ardeur demande quelque gage.

Hercule.

Que ce cœur inconftant par voftre main s'engage.

Yole.

Ie ne m'en deffends pas, mais fouffrez feulement
Que ie me puiffe icy recueillir vn moment,
Deuant que ie me liure en vos mains toute entiere,
Il eft iufte qu'au moins par vne humble priere
I'en demande licence à qui m'a mife au iour,
Et tafche d'accorder fa mort & mon amour.

Hercule.

Pourueu que ce ne foit qu'vne ceremonie;
I'y confens; mais fais donc qu'elle foit toft finie.

SCENA QVINTA.

Torna ad apparir in aria Giunone nel suo carro col Sonno.

Giunone col Sonno, Ercole, Iole, Paggio.

Giunone. SOnno potentè Nume
Fù quì pur opportuno il noſtro arriuo;
Dunque poiche tù ſei
Dell'innocenza amico,
E de' misfatti rei cotanto ſchiuo,
Che da loro fuggendo
D'ineſorabil vol ſatij tue piume,
Do', più forti legami,
Che mai tua fredda ſuora à te preſtaſſe
Impediſci pietoſo al par, che giuſto
Oggi vn crime il più nero,
Che contro amor la frode vnqua tentaſſe,
E con la verga, à cui fù facil proua
Le ſempre deſte luci
Tutte velare ad Argo
Vanne veloce, e in Ercole produci
Vn più cieco letargo.
Iole. E quale inaſpettato
Sonno prodigioſo
Prouenendo Imeneo lega il mio ſpoſo?

SCENE V.

Iunon reuient dans son char auecque
le Sommeil , & demeure
en l'air.

Iunon, le Sommeil, Yole.

Iunon.

CHer Sommeil, qu'à propos nous arriuons icy
Pour exempter mon cœur d'vn eternel soucy:
Toy, qui par tout amy de l'amour legitime,
Témoignes tant d'horreur pour la fourbe & le crime,
Et qui des scelerats te détournant toûiours
Les laisses iour & nuiȼt priuez de ton secours,
Pour preuenir l'effet de ce que l'Enfer tente
Contre vn couple assorty d'vne estrainte innocente,
Frappe de ce Tyran le chef audacieux
Du baston qui d'Argus assoupit les cent yeux,
Et des plus froids liens que ta Sœur te fournisse
Arreste auec son bras le cours de sa malice.

Le Sommeil
descend sur
Hercule qu'il
endort , &
puis remonte
incontinent.

Yole.

Quel estrange sommeil, de nos plaisirs ialoux,
Preuenant nostre Hymen, assoupit mon Espoux!

R iij

Giunone. Iole, Iole, ah sorgi
Sorgi rapida, e fuggi, e ta'llontana
Dall'incantato seggio, e à me t'appressa
Che di ben tosto risanarti e d'vopo
Dal magico veleno,
Ond' hai l'anima oppressa:
Prendi, fiuta quest'erba,
Che ne gli orti Filliridi raccorsi,
Il cui medico odore,
Che le malie dilegua,
Ti sanerà ad vn tratto
Dalle tartaree infettioni il core.

Iole. O Diua, o Dea, da quali
Orridi precipiti
D'infedeltà, d'iniquà risorgo?
Oime! di quali errori
Rea, quantunque innocente ora mi scorgo!
Pure il mio primo, e sol gradito fuoco,
Ch'in me pareua estinto,
Mentre il cor mi ralluma,
Con vsura di fiamme
Più che mai mi consuma.
Mà che prò? s'Hyllo intanto
L'vnico mio tesoro
Senza mia colpa à ragion meco irato,
A ragion da me fugge, e à torto io moro.

Giunone. Ah perche perdi Iole
In superflue querele,
Tempo si pretioso, Hyllo non lunge
Per mio consiglio in vn cespuglio ascoso.

Iunon.

Yole, leue-toy, leue-toy, mal-heureuse,
Et quitte promptement la place dangereuse
Où l'effet violent d'vn magique poison
T'a presque sceu priuer de toute ta raison :
Viens que ie te guerisse, & reçoy cette plante,
Dont la celeste odeur par sa vertu puissante
Peut dans ton cœur seduit détruire en vn moment
Le nuage formé par cét enchantement.

Yole.

O puissante Deesse, ô de quel precipice
De manquement de foy, d'erreur & d'iniustice,
M'auez-vous garantie ! ô combien i'apperçois
Que ie suis innocente & coupable à la fois !
Mais enfin cette ardeur & si chere & si sainte,
Qui sans vous dans mon cœur s'en alloit estre esteinte,
Se rallume, s'augmente, & semble s'exciter
A regagner le temps que l'on luy vient d'oster :
Mais, helas ! contre moy, quoy que ie sois sans crime,
Illus est animé d'vn couroux legitime,
Et dans l'instant fatal qui me meine à la mort,
Que me sert-il de voir que ie la souffre à tort ?

Iunon.

Cesse de t'affliger, reprends ton esperance,
Illus instruit par moy connoist ton innocence,
Et par mon ordre exprés caché proche d'icy
Voit tout ce qui s'y passe, & n'a plus de soucy ;

Tutto guata, & afcolta. Arma più tofto
Arma figlia la mano
Di quefto acuto acciaro,
(Ch'abile à penetrare ogni riparo.
Per me temprò Vulcano.)
E mentre imprigionato
Da i legami del Sonno i più tenaci
Stà quel moftro sì crudo
D'ogni difefa ignudo,
Vanne, e vendica ardita
Con la morte di lui
Le mie offefe, e i tuoi danni,
Ch'altro fcampo non hà d'Hyllo la vita.
Vanne, e poiche fpedita al Ciel'io torno
Ad' ouuiare in cio l'ire di Gioue
Fà ch' io vi giunga il crin di lauri adorno.

SCENA SESTA.

Iole , Hyllo , Ercole che dorme ,
Paggio.

Iole. D'Eutyro anima grande
A quefto core, à quefto braccio imbelle
Tanto furòr, tanto vigor comparti
Che poffa or qui facrarti,
Con infigne vendetta
(Vniuerfal di cui defio rimbomba)
Vittima fi douuta alla tua tomba.

Pauu

Pour luy, pour toy, pour moy, fais vn beau sacrifice
De ce monstre alteré de sang & d'iniustice,
Le sommeil qui le tient & qui combat pour nous,
L'expose sans deffense à ton iuste couroux,
Et des mains de Vulcain cette lame forgée,
Sans faire grand effort, t'aura bien-tost vangée;
Frappe, & ressouuiens-toy qne par là seulement
Tu peux mettre à couuert les iours de ton Amant
Frappe, & pendant qu'au Ciel ie vais en diligence
Appaiser Iupiter, que cette mort offense,
Acheue l'œuure, & fais que ton bras glorieux
Me couronne de gloire, auant que i'entre aux Cieux.

SCENE VI.

Yole. Illus. Hercule endormy.

Yole.

Accours à ce spestacle, ô belle ame d'Eutyre,
Ayde la saincte ardeur qu'vn beau couroux m'inspire
Donne force à mon cœur, donne force à mon bras
Qui s'appreste à vanger ta honte & ton trespas,
Et qui veut, en t'offrant cette grande victime,
Rendre à ta cendre illustre vn deuoir legitime;

S

Prendi ò mio genitor dall' arſo lido
Di Flegetonte, il ſangue
Di queſt' empio tiranno,
Che nel tuo nome vccido.

Hillo. Oimè, che fai?
Ceſſa.

Iole. Deh laſcia.

Hillo. Ah ceſſa.

Iole. Laſcia ſe m'ami.

Hillo. Ah che del pari io Sono
Tuo vero Amante, e di lui figlio.

Iole. Ah ſenti:
Io non l'odio già più com' vccifore
Del caro Padre mio (ſenti che dico)
Che come auuerſo al commun noſtro ardore
Onde tuo più che Padre egli è nemico.

Hillo. Lo plancherò, quando non baſti il pianto,
Con la mia morte.

Iole. E ſi poco è gradita
La ſpeme à tè d'eſſer mio ſpoſo (oh Dio)
Che per eſſa non prègi
Punto di più la vita?

Des bords de Flegethon viens, chere Ombre, & reçoy
Le sang de ce Tyran que ie verse pour toy.

Illus.

Yole, arrestez-vous.
Yole.   Laissez.

Illus. Qu'allez-vous faire?
Yole.

Laissez-moy, si iamais j'eus le bien de vous plaire.
Illus.

Ie dois tout à l'obiet de mon ardent amour;
Mais que ne dois-ie point à qui m'a mis au iour?
Yole.

Ce n'est plus comme estant l'assassin de mon Pere
Que ce Tyran cruel attire ma colere,
Mais comme le plus grand de tous vos ennemis,
Et l'obstacle aux plaisirs qu'Amour nous a promis.
Illus.

Ma mort l'adoucira, s'il est vray que mes larmes
Pour vaincre sa rigueur soient de trop foibles armes.
Yole.

Que nostre Hymen, Illus, est peu chery de vous,
Si vous voulez mourir prest d'estre mon espoux.

SCENA SETTIMA.

Mercurio d'vn volo risueglia Ercole
e parte.

Mercurio, Hyllo, Iole, Ercole,
Paggio.

Mercurio. SVegliati Alcide, e mira
Ercole. SE doue ò Bella?
    Doue? ah quì pur di nuouo
    Temerario importuno io ti ritrouo?
    Ed à qual fine impugni
    Ferro micidial? per tor la vita
    A chi s'ingiustamente à te la diede?
    Ah se cotanto eccede
    Tuo scelerato ardir, giust' è la voglia,
    Che quel viuer'ingrato,
    Ch'à torto à tè fù dato,
    Hora à ragione io toglia.

Iole. Ohimè, s'amore
    Nulla in tè puote, arresta.

Hyllo. Ah genitore.

Ercole. E con sì dolce nome enco mi chiami?

SCENE VII.

Mercure vient en volant éueiller Hercule,
& s'en retourne aussi-tost.

Mercure. Hercule. Yole. Illus.

Mercure.

ALcide, éueille-toy.
Hercule, *Le premier demy-vers s'adresse à Yole,*
& le reste à Illus.

Quoy donc, beauté charmante :
Mais encore à mes yeux ce traiftre se presente.   à Illus
Quoy ? tu tiens vn poignard ? Dis, dis, à quel dessein,
Impie ? Ha ! tu voulois le plonger dans mon sein,
Et m'oftant sans peril ma vie infortunée,
Me punir iuftement de te l'auoir donnée.
Ha ! cruel, si ton cœur a bien pû conceuoir
Le monftrueux dessein d'vn attentat si noir,
Il faut que par ta mort ie repare l'offense
Dont vers le iufte Ciel m'a chargé ta naissance.

Yole.

Helas ! si vous m'aimez, Seigneur, arreftez-vous.

Illus.

Mon Pere.

Hercule.

M'appeller encor d'vn nom si doux !

Hyllo. Non creder già, ch'io più di viuer brami,
Che per mia miglior forte
Non sò più defiar'altro, che morte,
Mà fol di parricida
L'ingiufto infame titolo rifiuto,
E s'ebbi di ciò mai folo vn penfiero
Soura l'anima mia,
Quàl'or fciolta ella fia,
Ogni martir più fiero,
Che chiuda Auerno in sè, grandini Pluto.

Iole. Alcide, ah ch'io fui quella
Per vendicar'Eutyro,
E per fottrarmi alle tue infidie, io quella,
Che fola di trafiggerti tentai.
Quindi è, che s'Hyllo vccidi,
Com'eſſend'io fola cagion, ch'ei mora,
Di me ſteſſa farò giuſtitia, e or'ora
Morta qui mi vedrai.

SCÈNA OTTAVA.

Dejanira, Licco, Ercole, Iole,
Hyllo, Paggio.

AH che fcorgo? il mio figlio
Poſt'e in graue periglio?
Forz'e ben, ch'io mi fcopra,

Illus.

Si ie parle, Seigneur, c'est sans auoir enuie
De prolonger le cours de ma funeste vie,
Puisque dans mes malheurs ie vois bien que la mort
Est mon plus desirable & mon plus heureux sort.
Ce cœur est né de vous, & la peur qui s'y glisse
Vient de l'horreur du crime, & non pas du supplice ;
Et ie scay qu'aux Enfers il n'est point de tourment
Qui fust du parricide vn iuste chastiment.

Yole.

C'est moy seule, Tyran, qui pour vanger Eutyre,
Et pour me dérober à ton cruel empire,
De terminer tes iours ay fait vn foible effort
Qu'a détourné ce Fils, dont tu cherches la mort ;
Mais, ingrat, si pour moy tu le priues de vie,
Sa mort va de la mienne estre à l'instant suiuie.

SCENE VIII.

Hercule. Yole. Illus. Deianire. Licas.

Dejanire. *Cachée.*

O Dieux ! que mon cher Fils est dans vn grand danger!
Monstrons-nous, monstrons-nous, allons l'en dégager.

Licco. Il Ciel ti guardi,
Da cotanta follìa,
Che quando ancor (com'è fuo ftil) per gioco
Ercol l'ammazzi vn poco,
Tù nè puoi far de gli altri;
Mà sè n'vccide noi fia molto peggio,
Che poi chi nè refufciti, nol veggio.

Ercole. Più di faluarlo tenti
Più l'accufi, & tu menti,
Mà ch'al tuo crime, ò pure
A mie gelofe cure
Il tuo morir s'afcriua
Soffrir più non faprei, nò che tù viua.

Deianira. Ah barbaro di fe di pietà auaro.
Non bafta hauermi l'amor tuo ritolto,
Ch'ancor toglier mi vuoi pegno sì caro,
Fà pur tua fpofa Iole,
Abbandonami pure à ogni martoro,
Mà per folo riftoro
Lafciami la mia prole.
Innocente, che fia,
Chi propitio gli fia, fe ingiufto e il Padre?
E quand'anche fia rea, concedi il vanto
D'impetrarli perdono
D'vna mifera Madre al largo pianto.

Ercole. In mal punto giungefti
E chi quà ti portò?

Licco. Non fù già Licco;
Chi m'infegna vna tana?
Che quand'anche ella foffe,
D'vn gran lupo affamato io mi ci ficco.

Hercule. à Yole.

Plûs à la conseruer vostre amour s'euertuë,
Plus de son attentat mon ame est conuaincuë :

à. Illus. Et toy, qui me voudroit cacher la verité
Sous de faux sentimens de generosité,
Qu'on iuge ton trespas iniuste ou legitime,
Qu'on l'impute à mes feux, qu'on l'impute à ton crime,
Il n'importe, pourueu que ie sauue mes yeux
De la douleur de voir vn enfant odieux,

Dejanire.

Laisse, Pere cruel, laisse, Espoux infidelle,
C'est assez pour ma mort d'vne atteinte mortelle :
C'est assez pour ma mort qu'on m'arrache vn Espoux,
Sans qu'on me fasse voir vn Fils percé de coups ?
Prends, prends, si tu le veux, ta nouuelle maistresse,
Mais laisse-moy mon Fils, l'obiet de ma tendresse,
Tout innocent qu'il est, d'où viendra son secours
Si son iniuste Pere attente sur ses iours ?
Et quand mesme coupable il t'auroit pû déplaire,
Donne sa faute aux pleurs d'vne innocente Mere.

Hercule.

Qui si mal-à-propos vous a conduit icy ;

Licas, Caché à voix basse.

Seigneur, ce n'est pas moy. De peur ie suis transy.

T.

Ercole. Ambo morrete, e frà tant'altre proue
Che fer di mè già fi famofo il grido
Dicafi ancor , ch'altri duo moftri vccifi
Vna moglie gelofa, e vn figlio infido.

Dejanira. Ah crudo.

Iole. Ah fenti pria: s'alcuna fpene
Ch' io pieghi all'amor tuo , reftar ti puote,
Solo al viuer di lui quefta s'attiene;
S' ei mor, fia, ch'ogni fpeme anco à tè pera
E s'egli viue , fpera.

Licco. Ora ch' il crederia! quel grand'inuitto
Domator de Giganti,
Che i diauoli fteffi hà trionfato
Eccolo trà due femine intrigato!

Ercole. E s'egli viue fpera? ogni poffanza
Soura l'anime amanti hà la fperanza.
Vanne tù dùnque, e torna al patrio nido
E tu và prigioniero
Nella Torre del Mar, ch'altro riparo
Sicuro hauer non può mia gelofia,
E con Iole intanto io vedrò chiaro
Del mio fperar, del viuer tuo che fia?

Hercule.

Ha! *vous mourrez tous deux, ie veux que dans l'Histoire,*
Qui doit de mes exploits éterniser la gloire,
On conte encore apres cent monstres déconfits,
Vne femme ialouse, vn infidelle Fils.

Dejanire.

Cruel.

Yole.

Ecoute-moy, si de nostre alliance
Ton cœur conserue encor vn rayon d'esperance,
Ce n'est qu'au sort d'Illus qu'il la faut mesurer,
S'il meurt, tu dois tout craindre, & s'il vit esperer.

Licas. Caché

Qu'il est embarassé! Dieux! qui pourroit le croire!
Ce vainqueur si puissant & si couuert de gloire,
A qui rien ne resiste, & qui sceut triompher
Des plus malins Demons qui regnent dans l'Enfer,
Ne peut se demesler des mains de ses deux femmes.

Hercule.

Et s'il vit. esperer. Que l'espoir sur nos ames
*Est puissant en amour! *Toy donc va promptement,* _{*Parlant Dejanire}
Retourne en ton païs viure paisiblement.
_{Parlant à Illus.} *Toy, tandis qu'à mes veux ou contraire ou propice*
Yole resoudra ta vie ou ton supplice,
Va te mettre au plustost prisonnier dans la tour,
Ie dois ces seuretez au soin de mon amour.

SCENA NONA.

Dejanira, Hyllo.

Deianira.	Figlio tù prigioniero?
Hyllo.	Madre tù difcacciata?
Deianira.	E viue in fen di Padre vn cor fi fiero?
Hyllo.	E in cor di marito alma fi ingrata;
Deianira.	Figlio tù prigioniero?
Hyllo.	Madre tù difcacciata?
Deianira.	Non foſſe à crudele,
	E gli perdonarei l'infedeltà.
Hyllo.	Non foſſe à tè infedele,
	E lieue trouarei ſua crudeltà.
A. 2.	S'a te pietà non ſpero
	Ogni forte à me fia ſempre ſpietata.
Deianira.	Figlio tù prigioniero?
Hyllo.	Madre tù difcacciata?
Deianira.	Figlio;
Hillo.	Madre;
A 2.	Ogn'or deſti
	A me deil' amor tuo ſegni più eſpreſſi,
	Ah voglia il Ciel, que queſti
	Non fian gli vltimi ampleſſi.

SCENE IX.

Dejanire. Illus.

Dejanire.

Toy, mon Fils, prisonnier.

        Illus. *Vous, ma Mere, bannie.*

Dejanire.

Que ne peut par mes maux ta peine estre finie.

Illus.

Et que ne puis-je, helas par mes viues douleurs
Esperer seulement d'adoucir vos malheurs.

Dejanire.

Quoy donc? le cœur d'vn Pere est si plein de rudesse?

Illus.

Et le cœur d'vn Espoux a si peu de tendresse.

Dejanire.

Si ie voyois pour toy cesser sa cruauté
Je luy pardonnerois son infidelité.

Illus.

S'il pouuoit à vos feux cesser d'estre infidelle,
Sa plus grande rigueur me seroit peu cruelle.

Dejanire.

Ha! mon Fils.

    Illus.   Ha! ma Mere.

    Dejanire. & Illus.   Helas! que chaque iour
Mille nouueaux effets font bien voir vostre amour:
Plaise au Ciel attendry par vostre iuste plainte,
De proteger en nous vne amitié si sainte,
Et faire que ce doux & triste embrassement
N'en soit pas entre-nous le dernier mouuement.

                          T iij

SCENA DECIMA.

Licco, Paggio.

Licco. A Dio, Paggio.

Paggio. A Dio, tutti.

Licco. A riuederci;
Che della Dona à cui Ercol presume
Di far sì facilmente cangiar clima,
Non fù mai suo costume
D'obbedir' alla prima.

Paggio. Oh che gran cose hò viste! ancor l'orrore
Tutto mi raccapriccia.

Licco. Et è sol maestro Amore,
Che si satri bitumi oggi impastriccia,
Mà contro vn sì pestifero bigatto
Senti gentil garzone
Impara vna Canzone.

Pag.
Lic. } A 2. Amor, chi hà senno in sè,
Và già d'accordo,
Ch' il più contento è in tè
Chi è il più balordo.
Ogni dolce, che puoi dare
E d'assentio atro sciloppo
E le tue gioie più rare
O son false, ò costan troppo:
E così in simil frode
Lieto è più chi men vede, e crede, e gode.

*La Sedia incantata sparisce, e gli spiriti ch' erano costretti
in essa entrano melle statue del giardino, & animandole
formano la quinta danza per fine dell' Atto Terzo.*

Fine dell' Atto terzo.

SCENE X.

Licas: Le Page.

ADieu , cher Page.

  Le Page.   Adieu toute la Compagnie.

Licas.

Iufqu'au reuoir pourtant. Vne femme bannie ,
(Quoy qu'Hercule irrité prefume de ces loix)
N'obeit pas toufiours dés la premiere fois.

Le Page.

Dieux ! que d'euenemens vois-ie en vne iournée !
Mon ame en eft encor de frayeur étonnée.

Licas.

L'Amour fait tous ces maux ; Mais , aymable garçon,
Pour apprendre à le fuir , apprend cette chanfon.
   Amour , fous ton bizare empire ,
Tous les gens de bon fens connoiffent ayfement
   Que le plus fot eft ordinairement
Celuy qui croit auoir plus de fuiet de rire :
   Ta richeffe n'eft que du vent,
Ta plus grande douceur n'en a que l'apparence ,
   Et ces brillans que l'on nous vend
   Pour des bijoux de confequence ,
Ou font faux , & n'ont rien qu'vn éclat deceuant ,
   Ou s'achettent trop cherement.

Le Siege enchanté difparoift , & les Demons
qui y eftoient enfermez entrent dans les
Statuës du Iardin, & font la cinquiefme En-
trée du Ballet qui finit le troifiefme Acte.

ATTO QVARTO.

La Scena si cangia in mare sù i liti del quale sono molto Torri, & in vna di esse Hyllo prigioniero.

SCENA PRIMA.

Hyllo.

AHi che pena è gelosia
Ad' vn' Alma innamorata
Ch'a i sospetti abbandonata
Teme ogn' or sorte più ria. Ahi che, &c.
  Ad Alcide allor ch'Iole
Crudelmente in ver mè pia.
Di sperar alfin concesse;
Io credei, che m'vccidesse
Solo il suon di tai parole.
Mà il morir manco duol fia. Ahi che, &c.
  Ahi che pena è gelosia
Ad vn' Alma innamorata
Ch'a i sospetti abbandonata
Teme ogn' or sorte più ria. Ahi che, &c.
Mà che veggio? ecco vn messo,
Che viene à dritta voga, è il Paggio? è desso.

ACTE

ACTE IV.

La Scene se change en vne Mer auec plusieurs
Tours des deux costez, dans l'vne desquelles
se voit Illus prisonnier.

SCENE PREMIERE.

Illus.

H A! qu'vn cœur où l'Amour domine fortement,
Souffre en sa ialousie vn estrange tourment !
Et que ses noirs soupçons, & ses penibles craintes
Luy dõnent chaque instant de mortelles atteintes !
Quand Yole cruelle à force de pitié,
Pour garantir mes iours blessa nostre amitié,
Et quand pour appaiser le courroux de mon Pere,
En flattant son amour, elle luy dit, espere;
Ie creus que ie mourrois en ce moment fatal ;
Mais sans doute la mort ne fait pas tant de mal.
Que vois-ie! vn Messager vers ce lieu prend sa route,   Le Page
C'est le Page qui vient, c'est luy-mesme sans doute.   paroist sur la
  Mer dans
  vne petite
  barque.

V.

SCENA SECONDA.

Apparisce nel detto mare il Paggio in vna barchetta.

Paggio, Hyllo.

Paggio.

ZEfiri che gite
Da' vcini fiori
Inuolando odori
E quà poi fuggite;
Fate alla mia prora
Ch' oggi il mar fi fpiani,
Voi pur Cortigiani
Siete del' Aurora.
Noto è à voi Cupido
Che d'ogn'vn fà giuoco,
E per l'altrui fuoco
Hor me trahe dal lido.
A voi pur conuenne
Far l'vfficio mio,
Così haueffi anch' io
Come voi le penne.

Hyllo.   Che nouella m'arrechi? è buona, ò rea?
Mà che parlo infelice?
Sperar più verun bene à mè non lice.

Paggio.   Iole alfin'aftretta
Di maritarfi al furibondo Alcide
Con quefto foglio à tè mi fpinfe in fretta.

SCENE. II.

Le Page. Illus.

Le Page.

ZEphirs, qui des naiſſantes fleurs
Volez les plus douces odeurs,
Et puis venez à tire d'aiſles
Porter icy le butin fait ſur elles,
Applaniſſez pour moy les vagues de la Mer,
Ie cherche vn pauure Amant que ſa douleur deuore;
Vous, qui ſoûpirez pour l'Aurore,
Helas! vous ſçauez bien ce que c'eſt que d'aymer.

Vous connoiſſez l'Amour & ſa malice,
Et ſçauez que par ſon caprice,
Pour le ſeul intereſt d'autruy,
Ie ſuis en danger auiourd'huy:
Que ne vous chargeoit-on de faire ce meſſage,
Vous, qui des flots grondans meſpriſez le couroux,
Ou pour me ſauuer du naufrage
Que ne m'a-t'on donné des aiſles comme à vous.

Illus.

Quel bon ou mauuais ſort, Page, viens-tu m'apprendre?
Mais, helas! mal-heureux, quel bien pourrois-ie attendre?

Le Page.

Yole enfin contrainte à ſouffrir vn eſpoux.
Auecque ce billet me dépeſche vers vous.

V ij

Hyllo. Porgilo dunque (ALLA TVA FE' TRADITA,
CHIEDO GIVSTO PERDONO,
SE PER SERBARTI IN VITA
AD ERCOLE MÌ DONO)
Dhe per ferbarmi in vita? oh cieco errore!
Ah che ciò per me fia morte peggiore.
Torna veloce, òh Dio,
Torna veloce, e dille,
Ch'effendo effa fedele all'amor mio,
Sè morro, sì contento
Scenderà quefto fpirto al baffo mondo,
Ch'in alcun tempo mai
Non ne vider gli Elifei vn più giocondo.
Mà che, s'altrui fi dona, ò il duol'atroce
Di fi perfida forte,
O la mia deftra mi darà in tal punto
Vna sì amara, e fconfolata morte,
Gh' affannofa, e dolente
Queft'alma in approdar le Stigie arene
Infin quiui parrà moftro di pene.
Dille, che s'ella almeno
Per còftanza d'amòr farà pur mia
Non farà di me ftrage altri ch'Alcide,
Mà che s'ella mi lafcia, ella m'vccide.
Saprai tù ben ridir quefte querele?

Paggio. Pur ch'il Mar' infedele
Mon mi vieti il ritorno, e di già parmi
Che ben voglia agitarmi: ò Numi algofi
Correte al mio foccorfo.

Si moue la tempefta in mare.

Illus , lit le billet.

Ie demande pardon à ton amour trahie,
Si i'ose me donner pour conseruer ta vie.
Pour conseruer ma vie ! ha trop coupable erreur !
Cruelle , le trespas me fait bien moins d'horreur.
Retourne promptement , va , retourne vers elle,
Et dis-luy que pourueu qu'elle me soit fidelle,
Si ie meurs , mon esprit content & glorieux
Mesprisera le sort des hommes & des Dieux;
Mais si son cœur endure vne flamme nouuelle,
Elle va me donner vne mort si cruelle,
Que mon Ombre plaintiue arriuant aux Enfers
Fera croire trop doux & leurs feux & leurs fers,
Paroissant en ce lieu de tourmens & de gesnes,
Par l'excés de son mal vn prodige de peines.
Tandis qu'elle sera constante en son amour
Mon Riual seulement pourra m'oster le iour ;
Mais si pour l'appaiser Yole s'abandonne,
Loin d'empescher ma mort, Yole me la donne.
Mais , helas ! pourras-tu luy dire tout cecy ?

Le Page.

Ouy, si i'ay le bon-heur de me tirer d'icy :
Mais la Mer s'irritant me monstre cent abismes.
Venez à mon secours, Deitez Maritines.

SCENA TERZA.

Hyllo.

E Non ſi troua
Fra gl' armenti ſquammoſi
Vn cor benche gelato,
Che qual già d'Arione|
Di quel meſchin garzone
Senta qualche pietade, e ſalui inſieme
Gl' vltimi auanzi in lui d'ogni mia ſpeme
Ohime, ch' il Mar con cento fauci, e cento
Tutte rabbia ſpumanti
Non par ch' ad altro furioſo aneli
Ch' à diuorar quel pouerello. Ah date
A ſi mortal periglio
Pronto ſoccorſo ò Cieli;
Ohimè, che più tardate?
Il Paggio Ah que quella voragine l'ingoia,
ſi ſommerge. Dunque forz'è, che deſperato io moia;
E chi fia più che vieti
Alla mia bella d'eſeguire i ſuoi
Mal' accorti decreti? à che piu penſo?
Che piu tardo à finire
Con vn breue morire vn duolo immenſo?
Cerulei humidi Numi,
Riceuete propizi vn ſuenturato,
Che dal Ciel, dalla terra, e da gl' abiſſi,

SCENE V.

Le Page s'éloigne de la Tour,
& perit.

Illus.

HElas! de cet Enfant prenez compassion,
Vous Peuples écaillez qui l'eustes d'Arion,
Nul de vous ne vient-il luy donner assistance?
Et sauuer auec luy mon reste d'esperance?
Ridicule fureur! ce superbe élement,
Par cent gosiers ouuerts de colere écumant
Dans ce grand appareil de tumulte & de rage,
Ne semble auoir pour but que d'engloutir vn Page,
En ce besoin pressant, Ciel, vien me secourir:
Ha! tu differes trop, helas! il va perir,
Il perit, c'en est fait. Sus donc, il faut le suiure,
Quand mon espoir est mort, que me sert-il de viure?
Et puis qu'Yole, enfin, me doit abandonner,
Sans que rien desormais l'en puisse destourner,
Euitons, en faisant cette perte cruelle,
Par vne prompte mort vne plainte eternelle.
    Puissant Roy de la Mer, & vous humides Dieux,
Vn Prince mal-traité de la terre & des Cieux
Se iette entre vos bras, & vient chercher dans l'onde,
Le repos qu'il n'eut point dans le reste du monde,

Sempre à gara oltraggiato
Viene à cercar trà le vostre acque in forte
Per gran fauor la morte.
Hyllo, sù al mar t'auuenta;
Che temi, Orche, e Balene?
O pur di! ti spauenta
L'imagin del morir squallida, e tetra;
Chi fugge gelosia nulla l'arretra:
Sù, sù, dunque à morir, che'el chiaro noi
Dell'amato mio Sole
Indorar mi petrà l'ombre più dense
Del Tartaro profondo: Iole, Iole.

Hyllo si precipita in Mare.

SCENA QVARTA.

Apparisce nell' aria Giunone, in vn gran tron.
e cala in soccorso d'Hyllo.

Giunone, Nettuno, Hyllo.

Giunone. SAlua, Nettunno, ah salua
Quel troppo ardito giouine, e souuienti,
Che t'acquistò non fauoreuol grido
Il negato soccorso
All'amoroso Nuotator d'Abido.
Salualo, ò Dio Triforme,
Che d'Ercole commun nostro nemico

Receuez

Receuez-le de grace, & dans son triste sort
Par pitié consentez à luy donner la mort.

    Tu t'arrestes, d'où vient cette frayeur soudaine?
Crains-tu l'affreux gosier de l'immense Balaine?
Sus donc, qui te retient? la face du trespas
A-t'elle des laideurs que tu n'attendois pas?
Vne ame enuisageant l'affreuse ialousie,
De nulle autre frayeur ne doit estre saisie,
Et le cœur qu'elle suit, par elle épouuanté,
Par nulle autre laideur ne peut estre arresté.
Meurs donc, & que le nom de l'adorable Yole
Soit mesme en expirant ta derniere parole.
Yole, ton beau nom imprimé sur vn cœur
Des ombres de la mort en peut bannir l'horreur.

                Il se iette en la Mer.

SCENE IV.

Iunon paroist en l'air dans vn grand throsne
entouré de nuages.

Iunon, Neptune, Illus.

Iunon.

VEnez, *Dieu de la Mer, propice à ma priere,*
  Sauuer ce mal-heureux que l'amour desespere,
Et vous ressouuenez que par tout l'Vniuers
L'on vous fit autrefois cent reproches diuers
Quand l'amoureux nageur de la fameuse Abide
Se perdit sans secours dans vostre sein humide.

                        X

All' alma inuiperita
Far non ſi può da noi più grande oltraggio,
Che di ſaluare il di lui figlio in vita;
Poi che l'iniquo Padre,
Cho qual riual geloſo
La morte ſol di quel meſchino agogna,
Vedendolo da noi ridotto inleſo,
Doppia ne ritrarrà ſmania, e vergogna.
Ah tu non m'odi? ò vi repugni? adunque?
In queſt' onde ver me già ſi corteſi
Quell' antica bontà del tutto è ſpenta?

Nettunno. Eccoti, ò Dea contenta;
Che nulla al tuo voler negar poſſ' io:
Nè fù mia negligenza
Ma ben ſua renitenza il tardar mio:
Ne credo vnquà più auuenne,
Che dall' orribil gola
Della vorace, e non mai ſazia Dite?
Foſſer ritolti à forza
Contro lor voglia i miſeri mortali
Come or ſuccede in queſto, ò forſennato,
E chi rende al tuo guſto
Di ſì amabil ſapor l'eſtremo fato?

Hyllo. D'vn amor diſperato
Alla Tantalea ſete
Il Nettare più grato
E ſol l'onda di Lethe.

Nettunno. O ſemplicetto aſcolta,
Ciò, che per ſuo diletto
Cantò Glauco tauolta.

Sorge dal Mar Nettunno in vna gran Conchiglia tirata dà Caualli marini, & in eſſa ſi vede Hyllo ſaluato.

Nous haïſſons tous deux Acide également,
Pour luy faire dépit ſauuons ce jeune Amant:
Car, enfin, ce barbare eſt à tel poinct de rage,
Que luy ſauuer ſon fils, c'eſt luy faire vn outrage.

Quand ce monſtre jaloux taſche à faire perir
Vn Riual que le ſang obligeoit de cherir,
Donnant à l'opprimé le ſecours neceſſaire,
Redoublons du Tyran la honte & la colere.

Mais d'où vïent que mes vœux ne ſont point écoutez?
Neptune eut autrefois pour moy tant de bontez.

Neptune.

Ie vous rameine Illus, & par ma diligence
L'on euſt veu ce qu'icy vous auez de puiſſance,
Si dans ſon deſeſpoir, auide du treſpas,
Luy-meſme trop long-temps n'eut retardé mes pas.
Qui l'auroit iamais creu? qu'vn ieune miſerable,
Que la mort tient déja dans ſa main redoutable,
S'en eſtonnaſt ſi peu, qu'il ne peuſt conſentir
A ſouffrir le ſecours qui l'en peut garentir.
Illus, dis quelle grace inconnuë & nouuelle
Rend la mort à tes yeux ſi charmante & ſi belle?

Neptune ſort de la Mer dans vne grande Conque tirée par des Cheuaux marins, & rameine Illus.

Illus.

Lors que le deſeſpoir s'empare d'vn amant,
La mort ſeule a pouuoir d'adoucir ſon tourment.

Neptune.

Aprens d'vne chanſon que Glaucus vient de faire
Que le temps fait raiſon de l'ame la plus fiere.

X ij

Amanti che trà pene
Ogn' or gridate ohime!
Per che bramate di morir; perche?
Ah non negate mai fede alla fpene.
Per chi viue il Ciel gira,
E non fopre vn fofpira,
Anzi lieto è tal' or chi mefto fù,
Mà per chi more il Ciel non gira più.

O ftolti ou' è il riftoro
Nel morir poi? dou' e?
E che val più di voftra vita, e che?
Ah non fi può dar mai più gran teforo.
E fian pur buone ò felle
Stile al par cangian le Stelle
Ne può fempre il deftin gire all' in giù
Mà perchi muore?

Giunone. Saggiamente à te parla, Hyllo, quel Nume.

Nettunno. Vanne veloce, e la gran Diua inchina
A Dio fomma Reina.

Hyllo entra nella Machina di Giunone,
e Nettunno s'attuffa nel Mare.

Pourquoy faut-il qu'vn pauure Amant
Dans ſon chimerique tourment
Témoigne tant d'impatience,
Qu'il recherche la mort auec empreſſement?
Ne perdons iamais eſperance;
Tel qui de mille biens auoit la ioüiſſance,
Les perd tous en vn ſeul moment;
Et tel de ſes deſirs voit l'accompliſſement
Qui n'eut dans ſon amour que peine & que ſouffrance,
Viuons, & du deſtin qui change inceſſament,
Attendons l'heureuſe inconſtance,
Car quand on eſt au monument
On ne voit plus de changement.

Iunon, à Illus.

Ce que te dit Neptune, eſt tout plein de ſageße,
Taſche d'en profiter.

Neptune, à Illus.

A la grande Deeße.
Qui pour te conſeruer quitta le ſoin des Cieux,
à Iunon Va rendre ton hommage. * Adieu Reyne des Dieux.

Illus entre
dans la ma-
chine de Iu-
non, & Nep-
tune ſe re-
plonge dans
la Mer.

X iiij

SCENA QVINTA.

Giunone , Hyllo , Coro di Zefiri , che danzano , e ſuonano.

Giunone. DVnque del mio potere
Diffiderai tù ſolo?
Hyllo. Diua à che viuer più chi viue al duolo?
Mà pure oſſequioſo
T'i chieggio humil perdono ,
Che quantunque penoſo ,
Grato il viuer mi fia poich' è tuo dono.
Giunone. Non lice à voi mortali
Del deſtin preueder gl' alti decreti
Quanto più ſtrani tanto più ſegreti.
Quindi è che nel mirare
De' futuri naſcoſti
I preludi taluolta al fine oppoſti;
Speſſo ciechi laſciate
Con i voſtri giudizi infermi, e monchi,
Che d'ignote venture.
Diſperata ignoranza il fil vi tronchi.
Mà ſe à ſcorger giungeſte
In quegli ineſplicàbili volumi
Scritti in Zaffiri à lettere di Stelle :
Souuente ammirareſte
Eſſer' in lor prefiſſo ,
Ch'inaridiſca à lente pioggie vn prato

SCENE V.

Iunon. Illus. Chœur de Zephirs.

Iunon.

Qvoy donc ! de ma suprême & fameuse puissance,
Tu pourrois seul, ingrat, entrer en deffiance ?

Illus.

Qu'il est fascheux de viure & touíiours endurer !
Mais enfin, i'y consens, & sans plus murmurer,
La lumiere du iour, quoy que peu fauorable,
Me venant de vos mains me doit estre agreable.

Iunon.

Que les mortels, Illus, auec leurs foibles yeux
Sçauent mal penetrer dans le secret des Cieux !
Souuent les plus sensez fondant leurs coniectures
Sur les commencemens des grandes auentures,
(Commencemens trompeurs qu'vn bizare destin
Produit presque touiours contraires à leur fin)
Par le fol desespoir que leur erreur fait naistre
S'opposent aux succez qu'ils ont voulu connoistre :
Mais nous qui connoissons ces chiffres estoilez,
Où les temps à venir sont si bien demeslez,
Nous y voyons sécher l'herbe que la rosée
Auoit auecque soin chaque iour arrosée.

E lo renda fecondo

Di Sirio, e d'Aquilon l'arido fiaro;

Che refti in picciol ftagno

D'vn Giafone, e d'vn Tifi il legno abforto,

Ch'a i naufragi conduca aura tranquilla,

Et auuerfa tempefta al lieto porto.

Vanne dunque, e pur fpera, e non t'annoi

Il dar più fede à me, ch'a i fenfi tuoi.

Scendono a 'l palco Hyllo e Giunone e poi quefta parte e remonta al Cielo nella fua Machina, nella quale i Zeri inuitati da effa formano la 6. danza.

Hyllo. Diua douunque io fia

Non sò sè pofi in Cielo, ò in terra il piede,

Così di fue fortune

Pur' incerta fen va l'anima mia.

Giunone.

Congedo à gl' horridi	Sol gl' amor regnino
Suoi flutti altiffimi	Da quali fpieghifi
Poi ch'il Mar diè,	Honefto ardor,
Zefiri floridi	E i Cieli fdègnino
Sù feftofiffimi	Ch' in altro impieghifi
Volate à mè,	Il lor fauor:
E in danza lepida	Defir che feguino
Da voi fi venere	Affetti ignobili
La mia virtù,	Stian fempre in duol,
Che fempre intrepida	E fi dileguino
Contro di Venere	Dall' alme nobili
Vittrice fù.	Qual nebbia al Sol.

Et fleurir

Et fleurir émaillé de mille belles fleurs
Le champ que l'Aquilon brûla de ses chaleurs,
Que le plus doux Zephir souuent meine au naufrage,
Et que l'on est poussé dans le port par l'orage.
Va donc, Illus, espere, & pour ton plus grand bien
Crois que mon sentiment doit preualoir au tien.

Illus.

Ie ne sçais où ie suis, & mon ame interdite
Doute si c'est la Terre ou le Ciel qu'elle habite.

Iunon.

Maintenant que la Mer dans vn profond repos
        A calmé le bruit de ses flots,
        Zephirs, joyeux de la victoire
        Que sur Venus je viens de remporter,
        Venez tous m'en feliciter,
Et par cent jeux plaisans en celebrer la gloire.
        Que les seuls amours innocens
        Reignent sur les cœurs & les sens,
        Que le Ciel sur eux seuls déploye
Tout ce qu'il a de douceurs & de joye :
        Que des criminelles ardeurs,
        Les obscures & tristes flammes,
Ne traisnant auec soy qu'ennuis & que douleurs,
        N'entient plus dans les belles ames.

Illus descend de la Machine de Iunon sur le
Theatre, & Iunon remonte au Ciel : les
Zephirs appellez par elle font la
sixiesme Entrée du Ballet.

Y

SCENA SESTA.

Si cangia la Scena in vn giardin di Cipreſſi
picno di ſepolcri Reali.

Dejanira , Licco.

Dejanira. ET à che peggio i fati ahi mi ſerbaro
Ah che ben mi guidaro,
Gl'addolorati miei languidi paſſi
A' trouare in alcun di queſti ſaſſi
Come far ſazio il mio deſtino auaro.
Et à che peggio i fati ahi mi ſerbaro?
Alfin perduto hò il figlio
E già vicina è l'hora,
Che dona ad altra ſpoſa il mio Conſorte,
Nè perciò auuien ch'io mora?
Armi non hà da vccidermi la morte,
Già che tanti dolor noh mi ſbranaro;
Et che peggio i fati ahi mi ſerbaro?
Prendi Licco fedele
Queſti de' miei teſor poueri auanzi
Per paſſar meno incomodi i tuoi giorni,
E rimira ſe puoi,
Vn di queſti ſepolcri aprirmi in cui
D'ogni ſperanza di conforto ignuda
Per non mirar più il ſol mi colchi, e chiuda.

Licco. Ah Dejanira io non ſon tanto accorto
Che poſſa in ſì gran carichi ſeruirti
Di Teſoriere inſieme, e Beccamorto;
Nè ſò s'habbi penſato,

SCENE VI.

La Scene se change en vn Iardin de Cypres,
plein de magnifiques sepulchres.

Dejanire, Licas.

Dejanire.

Qv'heureusement i'arriue entre tous ces tombeaux
Pour y pouuoir finir, & ma vie, & mes maux,
Mon Fils est desia mort, & i'approche de l'heure
Que mon espoux me quitte, & qu'il faut que ie meure;
Desia mesme la mort croit que ie suis au rang
De ceux de qui son dard a répandu le Sang,
Et ie n'ay plus en moy que ce qu'il faut de vie,
Pour souffrir sans relasche vne peine infinie.
Prend, fidelle Licas, de ma mourante main
Tout le bien que me laisse vn sort trop inhumain,
Prends de tous mes thresors ce reste miserable,
Pour te rendre la vie vn peu plus supportable,
Et tasche de m'ouurir vn de ces monumens
Où ie termine enfin, ma vie & mes tourmens.

Licas.

Vous estes dans l'ennuy, dont vostre esprit s'accable,
Trop cruelle vers vous, vers moy trop pitoyable,

Y ij

Ch'effer prefo così quindi io potrei
Per omicida, e ladro,
E con folennità condotto al pofto
Di fublime appiccato,
Onde fora trà noi forte ben varia,
Tù morrefti fotterra, ed io nell' aria.
Deh fcaccia ò Dejanira,
Defio sì forfennato,
Che di quanti nell'Vrna habbia Pandora
E difaftri, e ruine, e pene, e danni,
E dolori & affanni
E angofcie, e crepacori io ti sò dire,
Ch'il peggior mal di tutti è di morire.
Mà che pompa funebre
Scorgo venir? tiriamoci in vn lato
Che qual lugubre afpetto à te fia grato.

SCENA SETTIMA

Iole con la pompa funebre, Choro di Sacrificanti,
Ombra d'Eutyro, Deianira, Liceo, Choro
di Damigelle d'Iole,

Choro di GRadifci ò Ré,	I fior riceua
Sacrific. Il caldo pianto	Che Selua ofcura
Ch'in mefto ammanto	Germogliar fè:
Afflitta gente	E il fangue beua,
Dal cor dolente	Che per man monda
Sparge per te!	Vacca infeconda
Gradifci ò Rè.	Suenata diè,
Tua fepoltura	Gradifci ò Rè.

Et ce que vos douleurs exigent de ma foy,
Seroit honteux pour vous, & dangereux pour moy.
Mais revenez à vous, vertueuse Princesse,
De tout ce qu'enfermoit de douleur, de tristesse,
De pertes, de tourmens, de colere & d'ennuis,
Ce vaisseau si fatal à Pandore commis ;
De ces maux assemblez, j'ose encor vous le dire,
La mort, l'affreuse mort est sans doute le pire.
Mais quel triste appareil s'approche de ces lieux ?
Ce pitoyable objet sera doux à vos yeux.

SCENE VII.

Chœur de Prestres, Yole, Ombre d'Eutyre, Dejanire, Licas.

Chœur de Prestres.

Reçois, ô puissant Monarque,
Reçois un torrent de pleurs
De nos ameres douleurs,
Foible, mais sincere marque.

Iole.   E se pur ne gli estinti
   Di generosità pregio rimane,
   Permetti ò Genitore,
   Che dopo hauer io tanto (ahi lassa) in vano
   Per vendicarti oprato
   Ceda al voler del fato,
   E che non già quest'Alma,
   Mà sol di lei la sventurata salma
   Per l'iniquo Tiranno
   (Per cui grato mi fora
   Più del talamo il rogo)
   Di sforzati Imenei sottentri al giogo.

Choro.   Ah ch'il real Sepolcro
   Formando entro di sè dubbi mugiti:
   Ah, ah, (ch'esser ciò puote?)
   Tutto trema, e si scuote.

Eutyro.   Che sacrificj, ingrati?

Rouina   Che prigei ingiuriosi?
il sepol-   Che voti obrobriosi?
cro d'Eu-   Porgonsi à me? così s'oltraggia Eutyro?
tyro, &   Così fia, ch'à sua voglia
apparisce   Fredda insensibil'ombra ogn'vn mi creda?
l'ombra   Farò ben, che s'auueda,
di lui.   L'omicida ladron, s'ancor m'adiro?
   E se contro di lui
   Odio, rabbia, e furor più che mai spiro?
   Dunque chi del mio Sangue
   Fè scempio ingiusto, del mio Sangue ancora
   Far vorrà suo diletto? ah non fia mai:

Yole.

Si dans ta cendre esteinte il peut estre resté
Quelque foible rayon de generosité,
Permets, Ombre de moy pour jamais respectée,
Qu'apres que pour vanger ta mort si regretée,
l'ay cent fois, mais helas! vainement fait effort
Malgré moy ie me rende aux volontez du sort.
Permets que i'abandonne au Tyran qui m'opprime,
Non mon cœur qui le hait, mais mon corps pour victime,
Seur qu'abhorrant l'Hymen que ie vois approcher
Plus aisément qu'au lit, j'irois sur le buscher.

Chœur.

Ha! qu'est-ce que j'entends? un bruit sourd, ce me semble,
Sort du fond du Sepulchre, & ie le vois qui tremble.

Le Sepulchre d'Eutyre tombe en ruine, & son Ombre paroist.

Eutyre.

Quel Sacrifice ingrat! quel deuoirs odieux!
Cessez de m'outrager, honneurs injurieux.
Depuis que des viuans ie ne suis plus du nombre,
On ne me prend donc plus que pour vne froide Ombre,
Qui sans force & sans voix au fond du monument
Ne sçauroit témoigner son vif ressentiment?
Mais ie feray bien voir au Tyran qui m'outrage
Que j'ay sceu conseruer ma force & mon courage.
   Quoy? luy qui dans mon sang assouuit son courroux,
Trouuera dans mon sang ses plaisirs les plus doux?

E tù dar vita a i parti
Di chi morte à mè di è (figlia) potrai?

Iole. Ben refiftea l'auuerfo mio volere
D'Ercole alle preghiere,
E alla forza di lui pur fatta haurei
Refiftenza inuincibile, mà d'Hyllo,
D'Hyllo à te già non men, ch'à mè fi caro,
Che della noftre offefe
Mon fù complice mai:
Anzi che ne fofferfe
Al par di noi con amorofa, e immenfa
Compaffione il duolo;
D'Hyllo, ohimè, di lui folo
Il periglio mortale
M'aftrinfe à confentire
All'aborrite nozze,
Com'vnico riparo al fuo morire
Dunque perdona, ò Genitor, l'intento
Di quefte facre pompe
Ch' Amor, che non hà legge
Ogni legge à fua voglia ò fcioglie, ò rompe.

Eutyro. Tant'hà d'Eutyro il nudo fpirto ancora
Inuifibil poffanza,
Che neglette, e fchernite
Le temerarie voglie
Del nemico fellone,
Saprà faluare infieme
L'innocente garzone,

Dejanira. O Dio dunque lafciate,
Ch'à mè di chi v'offefe offefa moglie

Et ma

Et ma Fille, à mes yeux, pourroit donner la vie
Aux enfans de celuy qui me l'auroit ravie ?

Yole.

Alcide par ses vœux en vain m'osa tenter,
En vain par sa puissance il eust creu me dompter,
Mais Illus, dont toûjours l'amitié vous fut chere,
Illus, fils innocent de ce barbare Pere,
Et qui dans nos malheurs, touché par la pitié,
Sembloit en supporter la plus grande moitié,
Cet Illus en peril, pour son Rival me presse,
Ma haine en cet endroit le cede à ma tendresse,
Et pour sauuer Illus d'vn trespas asseuré
Ie m'offre au triste Hymen que j'ay tant abhorré.
Qu'vn semblable motif, cher Pere, vous flechisse,
Et vous fasse agréer cet humble Sacrifice,
Car Amour, que les loix ne sçauroient obliger,
Peut à son gré les rompre & nous en dégager.

Eutyre.

Ie sçauray bien punir cette injuste esperance
Qu'Alcide a de te voir soûmise à sa puissance,
Ma Fille, reprends cœur, ton Pere quoy que mort
Pour sauuer ton Amant est encor assez fort.

Dejanire.

Sans passer plus auant, permettez l'vn & l'autre
Que mon aspre douleur se mesle auec la vostre,
D'Alcide, dont tous deux vous ressentez les coups
Ie suis femme offensée & pleine de courroux;

Z.

E di chi tanto fauorir bramate
Madre, ohimè, femiuiua or fia conceffo
D'accomunar con voi l'afpre mie doglie.
Per conferuarmi il figlio
Priuarmi di marito,
O di remedio reo mifero aborto,
O difperata fpeme! Hyllo è già morto.

Jole. O himè, che dì!

Dejanira. Sul più vicino fcoglio
Della di lui prigion mentre attendeuo,
Che qualche picciol legno
Colà mi conducefle
A' confolarlo almen col mio cordoglio,
Lo vidi all'improuifo, ohimè, dall'alto
Cader nel Mar d'vn falto.
E fe non lo feguij;
Fù perche dal dolore (ahi, foprà fatta
Caddi al fuol tramortita,
E per man de gli aftanti
Con mal faggia pietà quindi fui tratta.

Eutyro. Dunque à qual'altro fin, che per più ftrano
Mio fpregio, e fcorno? or di tè far vorrai
Vn' efecrabil dono
Al barbaro inhumano ?
Ch' altra moglie trafige, altra abbandona,
E nè meno à fuoi figli empio perdona.
Deh con giufto coraggio
Saggiamente pentita,
Rinuntia à vn tanto error mentr'io ritorno
Del fumante Cocyto all'aria impura

De cét Illus , pour qui voftre amour s'intereffe ,
Ie fuis la mere , helas ! trop pleine de tendreffe ;
Mais fur ces fentimens fi juftement conceus ,
Mon deuoir toutefois tient encor le deffus ,
Et pour fauuer mon fils perdre vn Efpoux que i'ayme ,
M'eft vn remede , enfin , pire que la mort mefme :
Mais ce remede , helas ! quand il feroit plus doux ,
Apres qu'Illus eft mort , ne peut.

Yole.

Que dites=vous ?

Illus eft mort ?

Dejanire.

Il l'eft , au fommet de la roche
Qui de la Tour du port m'a paru la plus proche ,
I'attendois vn batteau pour aller prés de luy
Adoucir par mes pleurs fon legitime ennuy ,
Quand ie l'ay veu foudain d'vn élans temeraire ,
Se jetter dans la Mer pour finir fa mifere :
I'allois le fuiure , helas ! mais mon reffentiment
M'a fait fur le rocher tomber fans mouuement ,
Et des Pefcheurs voifins la pitié mal=inftruite
M'éloignant de la Mer en ces lieux m'a conduite.

Eutyre.

Pourquoy donc deformais , finon pour m'outrager ,
A ce funefte Hymen pourrois-tu t'engager ?
De deux femmes , ce Traiftre , à qui ton choix te donne ,
En a mis l'vne à mort & l'autre il l'abandonne ,

Z ij

Alle sponde infocate
Per vnire in congiura
L'Anime ch'il crudele à morte hà date:
E ben vedrai ch' in vano io non prefissi
Di solleuar contro di lui gli abissi.

L'Ombra di Euty- ro sparis- ce. **Iole.** Hyllo il mio bene è morto, altro che pianti
Vuol da mè tal dolore:
Egli sol per mio amore
Disperato s'vccise, ed io frà tanti
Segni della sua fè sempre più chiari
Fia ch' à morir dalla sua fede impari:
Troppo io pregiai la vita, & or m'auueggio
Quanto il morir più vale,
Questa spoglia mortale
Scòpo è sol di suenture, e degno seggio
D'Amor sono gli Elisei, ou' ei più splende
Nè Tirannia, nè duolo alcun l'offende.
Attendetemi dunque, alme dilette
D'Hyllo, e d'Eutyro in pace,
Ch'à raggiungerui io corro; ombra seguace.

Licco. Ferma ti prego, e poiche (grazie al Cielo)
Tornò l'horribil' ombra à Casa sua,
E ch'à mè così torna, e fiato, e voce;
Vuo dar grato configlio à tutte e dua.
E, che miglior rimedio?
A' tanti vestri spasimi di quello
A' proporui son pronto?
Ch'è di guarire ad Ercole il Ceruello.
Quand' egli si raccenda
Per tè del congiugal douuto affetto,

Et pour le plus noir crime incapable d'horreur,
A sur son propre Fils exercé sa fureur:
Romps par vn repentir honneste & salutaire
Cét Hymen à tes jours, à mes vœux si contraire.
Cependant pour vanger tant d'outrages soufferts,
D'vn vol precipité ie retourne aux Enfers,
D'où ie feray sortir contre l'injuste Alcide
Les Ombres de cent Roys dont il fut l'homicide.

L'Ombre
d'Eutyre
disparoist.

Yole.

Quoy donc, Illus est mort? De si iustes douleurs
Veulent de mon amour beaucoup plus que des pleurs:
C'est pour moy seulement qu'il a perdu la vie,
Sa mort sera bien-tost de la mienne suiuie;
Tant de preuues d'amour, de courage & de foy,
Trop genereux Amant, que ie receus de toy,
Doiuent m'apprendre, enfin, à bien mettre en pratique,
Ce noble desespoir d'vn amour heroïque.
Chere Ombre de mon Pere, Ombre de mon Amant,
La mienne vous va suiure, attendez vn moment,
Vostre injuste trespas, dont ie me sens coupable,
Pour vous vanger tous deux rend ma mort equitable.

Licas.

Arrestez, ie vous prie, & puisque, grace aux Dieux,
Ce terrible fantosme est party de ces lieux,
Et que ma voix long-temps par la peur retenuë,
Quand il est disparu, m'est enfin reuenuë,
Ecoutez vn conseil vtile à toutes deux.

Parlât
à Deja-
nire.

Pourueu que vostre Espoux, de vous seule amoureux,
Au lieu de rechercher vn nouuel hymenée,
Vous conserue la foy qu'il vous auoit donnée,

Z iij

E che non curi più nuoui Imenei;
Ditemi ciò non parui
Affai per confolarui?
Dunque non ti fouuiene, ò Dejanira,
Che per ciò far mezo sì raro hauemo?
Veggio, ch' il duol' eftremo
Ti rende fmemorata, e quella vefte,
Che già Neffo Centauro
In morendo à tè diè, quì pur non vale?
Per far ch' Alcide allor che l'abbia in doffo
Ogn'altro amor ch' il tuo ponga in non cale?

Dejanira. Chi sà, che fia ben ver?

Licco. Ne farem proua.

Iole. Mà ciò per rauuiuare Hyllo non gioua.

Licco. Oh che ftrane domande!
Mà ben potrei rifufcitare vn morto,
S'à contentar due femine mi pofi,
Ch'è d'ogni altro impoffibile il più grande,
S'in vece, che per troppa impatienza
Pofar monte sù monte
Aueffer li Giganti à faffo à faffo
Fabricato il lor ponte;
Al difpetto di Gioue
Sarian montati in Cielo à far fracaffo.
Si và di là dal Mondo à paffo à paffo.
Ne fia vano il tentare
Di leuarci vn' oftacolo cotanto
Com' è d'hauer con Ercole à cozzare.
Che poi dall' altro canto
Chi sà? ch' Hyllo fentendofi bagnato

Vous ferez en repos & la Princeſſe & vous,
Et nous auons dequoy le ramener à nous.

Dejanire.

Qu'auons-nous donc Licas?

Licas.　　　*Dieux, qui le pourroit croire?*

Vos maux vous ont déja fait perdre la memoire:
Ne vous ſouuient-il pas de ce don precieux
Que vous fit le Centaure expirant à vos yeux?
Auez-vous oublié cette rare chemiſe
Qui doit dés le moment qu'Alcide l'aura miſe
Eloigner de ſon cœur toute autre paſſion
Pour le faire reſpondre à voſtre affection?

Dejanire.

Mais, helas! ce n'eſt pas vne choſe certaine.

Licas.

Nous pouuons l'éprouuer & ſans beaucoup de peine.

Yole, à Licas.

Ce remede & tes ſoins ſont pour moy ſuperflus
Si tu ne fais auſſi reuiure mon Illus.

Licas.

Quelle demande, ô Dieux! les Enfans de la terre
Voulant dans le Ciel meſme aller porter la guerre,
Mirent, impatiens d'en trop toſt approcher,
Sans ordre mont ſur mont, & rocher ſur rocher;
Mais ſi d'vne maniere & plus ſeure & plus ſage
Ils euſſent lentement auancé leur ouurage,
Sans doute auec le temps, malgré l'effort des Dieux,
Ils auroient fait vn pont pour arriuer aux Cieux.
En marchant pas-à-pas le voyageur s'auance,
Pour finir vne affaire il faut qu'on l'a commence,

Fatto più faggio non fi fia pentito
Et à nuoto faluato.

Tutti trè. Vna ftilladi fpene
Oh che mar di dolcezza!
Per vn' anima auuezza
A languir fempre in pene:
Vna ftilla di fpene,
Benchè tal' or mentita
Nelle già fredde vene
Riconduce la vita,
E per ftupenda proua
Fin con l'inganno gioua.

Le Damigelle d' Iole rimafte à piangère preffo le
Rouine del fepolcro d'Eutyro, alla vifta di
quatr' Ombre fi fpauentano, e formano cosi
con le dett' Ombre la 7. danza, per fine dell'
Atto quarto.

Fine dell' Atto quarto.

Et &c

Et c'eſt bien commencer à ſortir d'embaras
Que de ne plus auoir Hercule ſur les bras.
Qui ſçait ſi voſtre Illus, aualant l'onde amere,
N'aura point reconnû ſon erreur temeraire,
Et deuenu plus ſage à l'aſpect de la mort,
D'eſchapper de ſes mains n'aura point fait effort?

TOUS.

Helas! qu'vn rayon d'eſperance
Eſt vne ſenſible douceur
Pour vn Amant de qui le cœur
Se conſume dans la ſouffrance.
O! que le moindre eſpoir a ſur nous de puiſſance,
Son plus groſſier menſonge eſt pour nous ſi charmant
Que meſme en nous trompant, contre toute apparence,
Il nous donne ſouuent vn vray ſoulagement.

Les Dames de la Cour d'Yole, qui s'eſtoient
arreſtées à pleurer aupres du Sepulchre
d'Eutyre, voyant paroiſtre de nouuelles
Ombres, prennent l'épouuante, & forment
la ſeptieſme Entrée du Ballet à la fin du
Quatrieſme Acte.

Aa

ATTO QVINTO.

La Scena si cangia in Inferno.

SCENA PRIMA.

*Ombra d'Euthyro, Choro d'anime Infernali.
Clerica, Laomedonte, Bußiride.*

Eutyro.

Ome solo ad vn grido,
Che gionto à pena d'Acheronte allido
Formai, vi radunate Anime ardite?
Sù, così pur contro il commun nemico
Vostro furore'alla mia rabbia vnite,
Che più dunque s'aspetta?
Pera mora il crudel, sù sù vendetta.

Choro.　Pera mora il crudel, sù sù vendetta

Clerica Regi-
na di Cos.

Pera mora l'indegno
Di cui più scelerato vnqua non visse,
Che del troiano eccidio ancor fumante
Non mai satio di Sangue
I miei poueri figli, e mè trafisse
O bella gloria in vero
D'vn vccisor di mostri,
Impiegare il vigore
Con cui d'hauer si vanta
Sostenute le stelle
Contro teneri parti, e Madre imbelle.
Ah ver' vn chiostro

ACTE V.

La Scene se change, & represente
vn Enfer.

SCENE PREMIERE.

Ombre d'Eutyre. Chœur d'Ombres. Clarice.
Laomedon. Bussiride.

Ombre d'Eutyre.

I'Ayme à voir qu'vn seul cry fait sur ces tristes riues
Vous assemble si-tost, Ombres vindicatiues,
Contre l'autheur commun de nos communs malheurs,
A ma juste fureur vnissez vos fureurs,
Vangez-moy, vangez-vous, il faut, il faut qu'il meure.

Le Chœur.

Vangez-nous, vangez-vous qu'il meure tout à l'heure.

Clarice.

Qu'il meure le cruel qui n'aymant que le sang
De mes fils & de moy perça le triste flanc:
Employ vrayment pompeux, & vrayment magnifique
De ce cœur genereux de ce bras heroïque,
Qui de dompteur de monstre & de soustien des Cieux
Affecte insolemment les tiltres glorieux,

Più fiero mostro
Di lui non ha.
E se il crudel
Per nostro vfficio
Hoggi cadrà
Mai sacrificio
Più grato al Ciel
Altri fè, nè mai farà.
Che più dunque s'aspetta?
Pera mora il crudel, sù, sù vendetta.

Choro. Pera mora, &c.

Laomedonte ⎱ Pera mora il peruerso
Ré di Troia. ⎰ Che d'vn sol'atto di pietà, che mai
Trà le barbarie sue contar potesse,
Qual mercenario vile
Richiedendone il prezzo,
Ne' contenti assai tosto
Gl' auidi suoi desir quanto maluagi,
Si pagò col mio sangue, e mille stragi.
Sù sù sbranamolo,
Sù laceramolo
Giustitia il vol,
Paghi egl' ancor
L'altrui dolor
Col propio quol.
Che più dunque s'aspetta?
Pera mora il crudel, sù, sù vendetta

Choro. Pera mora, & c.

Buſſiride ⎱ Pera mora l'iniquo,
Ré d'Egitto. ⎰ Ch' dell' Etereo Gioue,
Ingratiſſimo al pari,

Sans effort, fans combat, foüiller fes mains infames
Dans le timide fang des enfans & des femmes.
    Quel farouche animal, plus que tòy dangereux,
Peut nourrir la Lybie en fes deferts affreux ?
Monftre odieux au Ciel, & nuifible à la terre,
Tout l'Vniuers vny te declare la guerre,
Et qui t'immolera, va d'vn coup glorieux
Vanger tous les mortels & plaire à tous les Dieux:
Mais qu'attendons-nous donc? marchons, il faut qu'il meure,
Vangez-vous, vangez-nous, qu'il meure tout à l'heure.

Le Chœur.

Vangez-nous, vangez-vous, qu'il meure tout à l'heure.

Laomedon.

Qu'il meure le cruel, dont le barbare cœur,
Pour mile actes fameux d'vne injufte rigueur,
N'ayant fçeu qu'vne fois proteger l'innocence
En a fi lafchement demandé recompenfe,
Et voyant differer ce prix peu merité
Affouuir dans mon fang fa dure auidité:
Allons le defchirer, il eft iufte qu'il meure,
Vangez-vous, vangez-nous, qu'il meure tout à l'heure.

Le Chœur.

Vangez-nous, vangez-vous, qu'il meure tout à l'heure.

Buffiride.

Qu'il meure l'infolent, qui du plus grand des Dieux
Tenant auec le iour tant de dons precieux,
Fils, mal recognoiffant, autant qu'illegitime,
Rauit à fes autels, encens, Preftre, & victime:

A a iij

Ch'in legitimo filio,
Di Sacerdoti, e vittime più degne,
Con sacrilega man spogliò l'altari.
Pera l'abomineuole; Mà pera
Della più cruda morte,
Ch' per esempio eterno,
Inuentar possa mai l'irato inferno?
Quanti mai stràtij,
Nei negri spatij,
Pluto adunò
Tutti s'vnischino,
Et assalischino,
Chi nè suenò:
Che Più dunque s'aspetta
Pera mora il crudel, sù sù vendetta.

Choro. Pera mora, &c.

Euyro. Se nel terreftre mondo
Per iniquo fauor d'ingiufto Cielo
Il fuo corporeo velo
Alla noftra mortal fpoglia preualfe;
Ad onta del fuo orgoglio al fine impari,
Che di fdegno, e di forze ogn'alma è pari.
Che? fe più lo lafciamo
Refpirar inpunito
In pace, e tirannia l'aure vitali,
Crederà con ragione,
Che fian di timid' ombre, e ne ghittofe
I regni di Pluton tane otiofe.
    Sù, sù dunque ombre terribili
    Sù voliam tutte in Eocalia,

Qu'il meure, le meschant, mais d'vn coup si cruel,
Qu'il soit de nos fureurs vn exemple eternel.

   Que tout ce qu'en ce lieu, destiné pour les peines,
Pluton sçeut assembler de tourmens & de gesnes,
S'vnisse en ce moment, & par vn digne effort
Fasse mourir celuy qui nous donna la mort :
Marchons sans perdre temps, marchons, il faut qu'il
       meure ,
Vangez-nous, vangez-vous, qu'il meure tout à l'heure.

Le Chœur.

Vangez-nous, vangez-vous, qu'il meure tout à l'heure.

Eutyre.

S'il eut de la nature vn corps dont la vigueur
Des plus forts des humains le rendit le vainqueur,
Faisons-luy voir enfin, domptant son insolence,
Que toute ame icy bas est égale en puissance :
Souffrir qu'il viue encore & regne impunément,
C'est luy faire juger trop raisonnablement,
Que du triste Acheron les riues tenebreuses
Sont des foibles Esprits les retraites honteuses.
Allons donc, & portons jusqu'au fond de son cœur,
Tout ce qu'ont les Enfers de peines & d'horreur.

Nuoua in Ciel schiera stimphalia
Contra il reo furie inuisibili,
E con le vipere
Onde Tesifone
Tormenta l'anime
Flagellamogli il Cor;
Fin ch'immenso dolor
Con angoscie rabbiose il renda esanime.

Choro. Sù, sù dunque all'armi, sù, sù,
Sù corriamo à vendicarci,
Ch'altro ben non può mai darci,
Il destino di quaggiù.
E che gioua assordar quest'Antri più
Con il vano rumor de' nostri carmi?
Sù, sù dunque all'armi, all'armi.

Eutyro. Ah più val più diletta,
Che quante gioie hà il Ciel'vna vendetta.

Choro. Ah più val, &c.

SCENA SECONDA.

La Scena si cangia in vn portico del Tempio
Di Giunone Pronuba.

Ercole, Iole, Licco, Dejanira, Choro
di Sacerdoti di Giunone Pronuba

Ercole. ALfine il Ciel d'Amor
Per mè si serenò,
Ei nembi di rigor
In gioie distemprò,
Sol nel mio cor pur pur sento

Le Chœur.

Chœur.

Aux armes, compagnons, courons à la vengeance,
Ce plaisir seul encore est en nostre puissance,
Que de ces lieux nos cris cessent de raisonner,
C'est trop long-temps nous plaindre, allons, allons donner.

Eutyre.

La vengeance vaut mieux & me plaist dauantage
Que tout ce qu'à le Ciel de douceurs en partage.

SCENE II.

La Scene se change en vn Portique du Temple d'Hymen.

Hercule. Yole. Liccas. Dejanire. Chœur de Sacrificateurs.

Hercule.

L'Amour, enfin, deuenu doux,
Change en faueurs pour moy ce qu'il eut de courroux ;
Il me promet des-ja des faueurs éternelles,
Et rien ne peut troubler des attentes si belles
Que mon desir trop violent,
Qui dérobant du Temps la vistesse & les aisles
Me le fait paroistre trop lent.

Bb

Vn foaue martir ,
Ch'habbia per gir più lento
Dati il Tempo i fuoi vanni al mio defir.
Mà pur l'amata Iole
L'adorato mio fole ecco à me viene,
Dunque affatto il mio fen fgombrate ò pene,
Che di sì rigid' alma
Qual fi fia la vittoria io n'hò la palma,
E l'ardente mio fpirto
Pofpon tutti i fuoi Lauri à vn fi bel Mirto:

Licco. Quando com'è tuo vffizio,
Dar quella vefte ad Ercole dourai
Per far di Nozze tali il fagrifizio,
Queft'altra in vece , il cui valor ben fai?
Deftramente da me prender potrai.

Jole. Cosi farò ; mà che ? per diffidenza
Di rimedio sì incerto , hò il fen ripieno
Di gelofa temenza.
Pur quando mi tradifca ogn'altro fcampo,
Soccorfo mi darà pronto velono.

Ercole. Deh non mouere Iole il piè reftio ,
Ver chi dominator del Mondo intero
Solo in goder dell' Alma tua l'impero
Pon la felicità del fuo defio.
Et il facro Concento
Sciolgafi omai, ch'à mè di tali indugi
Grado è d'immenfa pena ogni momento.

Choro. Pronuba , e cafta Dea
L'Alme de nuoui fpofi
Con lacci auuenturofi
Annonda , e bea.

Mais l'objet de mes vœux, Yole vient icy,
Sortez de mon esprit, incomode soucy;
Pour fier que soit son cœur, ma constance a la gloire
D'auoir enfin sur luy r'emporté la victoire,
Et le mien qui se donne à l'Amour tout entier
Prefere ce doux Mirthe à mon plus beau Laurier.

Licas. à Yole à part.

Quand pour le Sacrifice (ainsi qu'il se pratique)
Alcide te viendra demander sa Tunique,
Tu prendras de mes mains, sans qu'il le puisse voir,
Cette autre que voicy, dont tu sçais le pouuoir.

Yole.

Ie le veux; Mais, helas! qu'vn si douteux remede
Bannit mal de mon cœur l'effroy qui me possede!
Mais si ie perds l'espoir de tout autre secours,
Ce poison de mes maux terminera le cours.

Hercule.

Princesse, receuez sous vostre obeïssance
Vn Prince qui tenant la terre en sa puissance,
N'a pas tant de plaisir à s'en voir le vainqueur
Qu'à pouuoir esperer de gagner vostre cœur;
Et venez commencer cét heureux Sacrifice
Qui doit à nostre Hymen rendre le Ciel propice,
Car enfin, belle Reyne, vn bien si desiré
Ne peut estre sans peine vn moment differé.

Le Chœur.

Grands Dieux, qui presidez au joyeux Hymenée,
Joignez les cœurs de ces Espoux
D'vn lien si ferme & si doux
Qu'il fasse pour iamais l'heur de leurs destinées.

E quieta, e gioconda
Da' lor Neſtorea vita,
E gl'ampleſſi feconda
Con progenie infinita.

Ercole. E di che tremi., Iole, e di che tremi?

Iole. Ecco il mio viuer giunto
A' vn formidabil' punto.

Ercole. Deh sù porgimi ardita
La veſte, ond' io ben toſto
Per i noſtri Imenei
Renda olocauſto a i Dei.

Choro Pronuba; e caſta Dea, &c.

Ercole. Mà qual pungente arſura
La mia ruuida ſcorza intorno aſſale?
Qual incognito male
D'offendermi temendo
Serpe naſcoſo par le vene al Core?
Qual immenſo dolore, ahi mi conquide?
E per dar morte à me tanto più dura
In viſta de' contenti, oh Dio, m'vccide?
E tù lo ſoffri, ò Genitore? e laſci,
Ch' io, che con piè temuto
Paſſeggiai della morte i Regni illeſo
E che fin dalla Cuna
Di belle glorie adorni
Tutti contai della mia vita i giorni;
Hor ſenz' hauere à fronte
Sanguinoſo nemico (ah rio martire,
Che della morte ancor viè più m'accora)
In ozio vil quì mora?

Faites que dans la paix & les contentemens
    Ils demeurent long-temps au monde;
       Qu'vne posterité feconde
     Naisse de leurs embrassemens.

Hercule.

Pourquoy donc tremblez-vous ?

     Yole. bas.   *Amour, par ta conduite*
A quelle extremité me vois-je, enfin, reduite !

Hercule.

Donnez-moy sans frayeur ce cher habillement,
Dont estant reuestu ie puisse heureusement
Offrir aux Immortels d'innocentes Victimes,
Et meriter l'aueu de nos feux legitimes.

Le Chœur.

Grands Dieux, qui presidez au joyeux Hymenée,
    Ioignez, &c.

Hercule.

Mais quel feu deuorant ose offenser ainsi
Ce corps à cent trauaux de long-temps endurcy ?
Quel mal vient m'attaquer que ie ne puis connoistre ?
Un mal lasche & timide, & qui n'osant paroistre,
Dans mes veines se glisse, & trompant ma valeur,
Trouue vn chemin caché pour aller à mon cœur.
Ha maligne douleur ! douleur insupportable,
Douleur qui pour me faire vn sort plus miserable,
Me fais trouuer la mort au moment bien-heureux
Que ie vois accomplir mes desirs amoureux.
Iupiter, souffrez-vous que ma douleur supresme
Qui tira des captifs des mains de la mort mesme,

168

Senza che gloria alcuna
Renda almen di me degno il mio morire,
Almen di nubi ofcure
Vela queſt' aria intorno
Si che forte maligna
Di me grato ſpettacolo non faccia
All' implacabil mia cruda matrigna;
E per quando la tua
Inſenſata pigrizia, (oh gran Tonante)
Il conquaſſo deſtina
D'ell' Vniuerſo, ohimè, s'ora nol fai?
E à che riſerbi il Cielo?
Che nel perder' Alcide à perder vai
Mà l'atroce mia doglia
Imperuerſando ogn'or pochi reſpiri
Mi laſcia più, deh s'il morire è forza,
Ardaſi la mia ſpoglia
Nè della terra, i di cui figli vcciſi
S'eſponga ad vn rifiuto:
A Dio Cielo, à Dio Iole; eccomi Pluto.

Licco. Che dite? il mio non fù rimedio tardo;
Mà vn poco più (ch' io non credea) gagliardo.
Pur ciaſcuna di voi di già rimira
Il penoſo deſtin per sè finito
D'vn'amante importun, d'vn reo marito.
E non piangete già,
Che communque ch' auuenga à vn ſaggio core
Dar non ſi può quì giù ſorte migliore,
Che di viuere in pace, e libertà.

Et qui dés le berceau, dans mes trauaux guerriers,
A toûjours fait compter mes iours par mes Lauriers;
Sans voir son ennemy, sans pouuoir s'en defendre,
Sentant venir le coup soit contrainte à l'attendre,
Et ne se puisse au moins apres le iour perdu
Flater du souuenir de l'auoir defendu.

    Tu verras, Pere oysif, les Enfans de la terre,
Bien-tost apres ma mort renouueller la guerre,
Et Pluton mal-content de son throsne odieux,
Te venir contester la Couronne des Cieux.

    Mais puisqu'à mes douleurs ton pouuoir m'abandonne,
Fais qu'vn nuage épais maintenant m'enuironne,
Et qu'en mon desespoir Iunon ne gouste pas
L'heur de me voir perir d'vn si cruel trespas.

    Iusqu'à quand en repos ta paresse profonde
Differe-t'elle encor d'ébranler tout le monde?
Et quand vseras-tu de ses droits absolus,
Que tu perdras bien-tost quand ie ne seray plus?
Mais, helas! ma douleur, qui sans cesse s'augmente,
Acheue d'opprimer ma force languissante.
Ha! s'il faut que ie cede aux volontez du sort,
Que l'on brûle mon corps lors que ie seray mort,
Et qu'on n'expose pas aux refus de la terre
Celuy qui fit aux siens vne si rude guerre.
Adieu Ciel, adieu Terre, & vous, Yole, adieu.
Pluton, viens receuoir l'Ombre d'vn demy-Dieu.

               Licas.

Qu'en dites-vous, Pour moy, de ce puissant remede,
I'attendois moins d'effet qu'il ne nous en succede,
Car il deliure, enfin, l'vne & l'autre de vous
D'vn Amant incommode ou d'vn fascheux Espoux.

Iole. Qual trà perigli eſtremi
 Di ſtrepitoſe, & horride ruuine
 Vn ch'è ſaluato à ſorte
 Stupido reſta, sì rimaſi anch' io
 Senza moto, nè voce ; ah perche dunque
 Hyllo il mio caro ben, perche morio?

Dejanira. Ah Neſſo mi tradì, deh ti perdoni
 O' Licco il Ciel l'inuolontario errore;
 A dolor sù dolore
 Egualmente Infinito
 Più reſiſter non sò, moſtrami oh morte
 E del figlio la traccia, e del conſorte.
 Mà che? l'ombra del figlio
 Ecco ch' ad incontrarmi
 Ver me riede pietoſa.

SCENA TERZA.

Iolè, Dejanira, Licco, Hyllo.

Iole. Veggio, ò di veder parmi?
 Non atteſo contento?
 Ah che dar fede à gl' occhi il cor non oſa.
Dejanira. Oh che opportun riſtoro?
 Licco Oh che ſpauento!
 Iole. Hyllo?
Dejanira. Figlio?
Dejan.Iole. Sei tù!

Dejanire.

Ha! Licas, qu'as tu fait, ha! douleur infinie!
Centaure, que tu m'as indignement trahie!

Yole.

Comme apres le débris d'vn Palais ruïné,
Celuy qui s'en eschappe en paroist estonné;
Ainsi mon cœur sorty de ce peril extresme
A peine, en ce desordre, à s'en croire soy-mesme.
Mais, helas! cher Illus, par quel bizarre sort,
Quand tu peux estre à moy, faut-il que tu sois mort?

Dejanire.

Terminons cette vie ennuyeuse & funeste,
De tant d'afflictions le miserable reste.
Mort, fais-moy suiure, enfin, par vn coup iuste & doux,
Les pas d'vn Fils si cher, & d'vn si grand Espoux.
Mais l Ombre de mon Fils propice à mon enuie
S'approche & vient m'ayder à quitter cette vie.

SCENE III.

Dejanire. Yolé. Licas. Illus.

Yole.

Dieux! en effet, ie vois, ou du moins ie crois voir
Vn bien dont la douceur surpasse mon espoir.

Dejanire. à Illus.

Que tu viens à propos.

Licas. *Ma frayeur est extresme.*

Yole.

Cher Illus.

Dejanire. *Mon cher Fils.*

Dejanire, & Yole. *Parlez, est-ce vous mesme?*

C c

Hyllo. Mercè di Giuno
Son'io dal mar faluato
Acciò per gl'occhi miei
Verfi in vn mar di pianto il cor ftempratō
Se qual ridirlo intendo
Vero è del caro Padre il fato horrendo.

Dejanir. Ah figlio ahi troppo è ver, che mi riuedi
Vedoua afflitta, e fola.

Iole. Pur mio ben ti confola,
Che sè perdefti il Genitor crudele
Mè qui ritroui, e l'amor mio fedele.

Hyllo. Ah dunque il Ciel non feppe
Farmi teco felice?
Senza mifero farmi, e fuenturato
Con la mia Genitrice?

Licco. Oh ben tornato.

Hillo. Ahi che con forza eguale à vn tempo ifteffo
Da gioia, e da dolore
Tratto in contrarie parti
Sento fquarciarmi il core.

Dejanira. Ohimè dunque che fia?

Licco. Forz' è ch'io rida
Quel ch'è ftato mai fempre
Da che morte impugnò falce homicida,

Illus.

C'est moy qui sans regret allois finir mes jours,
Mais Iunon, qui prit soin d'en prolonger le cours,
Me sauua de la Mer où j'estois sans allarmes,
Afin que ie formasse vne mer de mes larmes;
Car si mon Pere est mort, par quel torrent de pleurs
Pourrois-je satisfaire à mes justes douleurs?

Dejanire.

Illus, il est trop vray que la Parque ennemie
Vient de trancher le fil de cette illustre vie.

Yole.

Mais vn Amant, enfin, pourroit se consoler
En regaignant le bien qu'on vouloit luy voler,
Et deuroit regarder auec moins de tristesse
L'accident qui luy rend sa fidelle Princesse.

Yllus. à Yole.

Quel Bizarre meslange en ce triste entretien
Offre ensemble à mon cœur tant de mal & de bien?
Et pourquoy dans l'instant qu'auec vous il respire,
A-t'il à soupirer auecque Dejanire?

Licas. à Yole.

Tout respond à vos vœux, & ce fidel Amant
Pour finir tous vos maux reuient heureusement.

Dejanire.

Le grand Alcide est mort, que faut-il que ie fasse
Dans vne si subite & si grande disgrace?

Licas.

Pour moy, ie ris de tout. Car depuis si long-temps
Que la mort fait mestier d'assassiner les gens,

Ch' altri auuien , che si stempre
In pochi , & altri in copiosi lutti.
Mà chi muore suo dànno.
Che tosto , ò tardi si consolan tutti.

Dejanira. Saranno almen le ceneri d'Alcide
Le più pompose de' funebri honori
E più sparse di lagrime , e di fiori,

Hyllo. Certo è che i miei singulti
Non hauran fin.

Iole. Mà non fia già che solo
Tu pianga amato ben , che se comune
Hò teco il cor fia pur comune il duolo.

Licco. Hor che sorte è la mia?
Che senza hauerne voglia,
Anch' io per compagnia
Conuerrà che mi doglia.

A 4. Dall'occaso à gl' Eoi
Ah non sia chi non pianga
Ch' oggi il sol de gl' Eroi
Estinto, ohimè, rimanga.
Dall' occaso à gl' Eoi
Ah non sia chi non pianga.

Ie n'entends en tous lieux que le mefme langage,
L'vn s'afflige vn peu moins, l'autre vn peu dauantage,
Mais le mort eft bien mort, tout le mal eft pour luy,
Les autres toft au tard finiffent leur ennuy.

Dejanire.

Il ne fera iamais vne pompe funebre
Comme celle d'Alcide, & fuperbe & celebre.

Illus.

Cette mort à iamais me fera foûpirer.

Yole.

Auec vous, cher Illus, vous me verrez pleurer ;
Car deux ames qu'vnit vne mefme tendreffe,
Ont les mefmes plaifirs, & la mefme trifteffe.

Licas.

Que l'exemple a de force! à voir pleurer ainfi,
Sans en auoir deffein, ie vais pleurer auffi.

Tous enfemble.

Que des bords où Phœbus, autheur de la lumiere,
Semble ouurir chaque iour fa brillante carriere,
Iufqu'où fon char tombant le dérobe à nos yeux
On pleure auecque moy ce Heros glorieux.

SCENA QVARTA.

*Cal Giunone nell' vltima machina cortegiata
dall'armonia de Cieli , & apparisce nella più
alta parte di questi Ercole sposato alla Bellezza.*

Giunone, Dejanira, Iole. Hyllo, Licco

Giunone SV, sù allegrezza
Non più lamenti
Deh non più nò ,
Ch' ogni amarezza
Il Ciel cangiò
Tutt' in contenti
Tutt' in dolcezza
Non più lamenti
Sù, sù, allegrezze.
Non morì alcide
Tergete i lumi
Non mori nò ,
Sù nel Ciel ride,
Che lo sposo
Il Rè de Numi
Alla belezza
Tergete i lumi
Sù, sù, allegrezza.
Così deposti alfin gl' humani affetti
Così l'alma purgata
D,ogni rea gelosìa
Ciò che quì giù sdegno, la sù desia.

SCENE IV.

Iunon defcend dans vne Machine, accompa-
gnée de l'Harmonie du Ciel, dans lequel
Hercule paroiſt marié auec la Beauté.

Iunon. Dejanire. Yole. Illus.
Licas.

Iunon.

CHangez en des chants d'allegreſſe
Vos cris, vos plaintes, & vos pleurs,
Le Ciel, qui pour vous s'intereſſe,
A ſceu preuenir vos mal-heurs:
Alcide n'a point rendu l'ame,
Et dans les bras de la Beauté,
Que le plus grand des Dieux luy donne pour ſa Femme,
Il eſt viuant au Ciel plein de felicité:
C'eſt-là que deſpoüillé des foibleſſes humaines
Il perd tous ſes deſirs qui cauſerent vos peines.

Quindi ammorzati anch'io gl'antichi fdegni
Per il voftro godere
A mè fi gloriofo
Confentij, ch'egli goda in sù le sfere
Vn beato ripofo.
Onde à compire ogni defio celefte
Sol dè voftri Hymenei mancan le fefte.
Sù dunque a i giubili
Anime nubili
E feliciffimi
I miei dolciffimi
Nodi infolubili
Al par d'amor v'allaccino;
E nelle voftre deftre i cor s'abbraccino.
Se à prò d'vn vero amore il giufto Gioue.
Merauiglie non fà
A che riferberà fue maggior proue?

Iol. Hyl. Oh Dea come n'arrequij
Dejanira, Ch'a i detti tuoi
Non lice à noi
Fede negar nè offequij
Oh Dea come n'arrequij.
Hyllo. Iole Che dolci gioìe oh Dea
Verfi nel noftro feno,
Il Ciel benigno à pieno
Che più dar ne potea?
Che dolci gioè oh Dea.
Licco. Come à tante ruuine
Succeduto ad vn tratto è vn tanto bene
Et libre

Et libre deformais des sentimens jaloux,
Met à vous voir heureux ses plaisirs les plus doux:
Et moy, couple charmant, qui pleine de tendresse,
Au succez de vos feux sans cesse m'interesse,
Quand Alcide consent à finir vostre ennuy,
Ie perds tout le chagrin que j'auois contre luy.
Donc pendant qu'aux plaisirs le Ciel entier s'apreste,
Par vn heureux Hymen prenez part à la feste,
Que vos cœurs embrasez déja des mesmes feux,
Par l'Hymen soient vnis d'indissolubles nœuds,
Seurs que le Roy des Dieux fera voir sa puissance
Dans les heureux succés qu'aura vostre alliance.

     Dejanire, Yole, Illus, ensemble.
     Quelle douce tranquillité
     Vous nous donnez, sainte Deesse!
        Dejanire.

     Car, peut-on sans temerité
     Ne pas croire à vostre promesse,
     Ou resister à vostre authorité?
     Quelle douce tranquillité
     Vous nous rendez, sainte Deesse!
       Yole. Illus.

     Quel amas de plaisirs charmans,
Sur nos cœurs amoureux vostre bonté desploye!
Que pourroient adjouster à nos contentemens
Tous les Dieux, conspirant à faire nostre joye?
        Licas.
Comment de tant de maux par vn beau changement
Peuuent de si grands biens naistre en vn seul moment?

                  D d

In fatti è ver qui giù danzano in giro
E ſi tengon per man contenti , e pene.

Tutti cinque. Contro due cor ch'auuampano
Trà loro innamorati
In van nel Ciel s'accampano
Per guerreggiar' i fati.
Da lega d' amore
Fia vinto il furore
D'ogni contraria forte !
D'vn reciproco amor nulla è più forte.

SCENA QVINTA.

Ercole , la Bellezza , Coro di Pianeti.

Coro di Pian. QVel grand' Eroe , che già
La giù tanto penò
Spoſo della Beltà
Per goder nozze eterne al Ciel volò !
Virtù , che ſoffre alfin mercede impetra
E degno campo a' ſuoi Trionfi è l'Etra.

Sans douté il eſt bien vray qu'vne éternelie chaiſne
Ioint par tout icy bas le plaiſir & la peine.

Dejanire. Yole. Illus. Iunon. Licas.
enſemble.

Pour des-vnir deux cœurs l'vn de l'autre charmez,
En vain les deſtins animeZ
Se liguent & leur font la guerre.
Le party, de l'Amour eſt toujours le plus fort,
Et tout ce que l'on voit au Ciel & ſur la terre
Ne peut faire qu'vn foible effort
Contre le couple heureux que ce Dieu met d'accord.

S C E N E V.

Hercule. la beauté. Chœur des Planettes.

Le chœur.

CE Heros qué l'Hymen a mis en joüiſſance
Des plaiſirs & de la Beauté,
Souffrit mille trauaux auecque fermeté :
Les vertus, apres la ſouffrance,
Trouuent, enfin leur recompenſe,
Et le Ciel eſt le champ que deſtinent les Dieux
A leur triomphe glorieux.

Erc. e la Bel. Così vn giorno auuerrà con più diletto,
Che della fenna in sù la riua altera
Altro Gallico Alcide arso d'affetto
Giunga in pace à goder bellezza Ibera:
Mà noi dal Ciel traem viuer giocondo
E per tal coppia fia beato il mondo.

Tutti Virtù che soffre alfin mercede impetra
E degno campo à suoi Trionfi è l'Etra.

*Le varie Influenze di sette Pianetti scendono
sul Palco successiuamente à danzare; & in
fine anche vn Choro di Stelle.*

FINE.

Hercule, & la beauté ensemble.

Ainsi sur son pompeux & triomphant riuage,
La Seine quelque jour doit voir le mariage,
Dont saintement estreint, vn Hercule François
De l'Ibere Beauté suiura les douces loix:
Mais au lieu qu'en l'Hymen où le Ciel nous engage,
Nous seuls fauorisez, trouuons nostre aduantage,
Ce couple glorieux dans ses justes plaisirs
Verra du monde entier accomplir les desirs.

Le Chœur. Hercule. La Beauté ensemble.

Les vertus apres la souffrance
Trouuent, enfin, leur recompense,
Et le Ciel est le champ que destinent les Dieux
A leur triomphe glorieux.

Les diuerses Influances des sept Planettes, de-
scendent les vnes apres les autres, & font
autant d'Entrées de Ballet, qui finit par vn
Chœur d'Estoilles.

F I N.

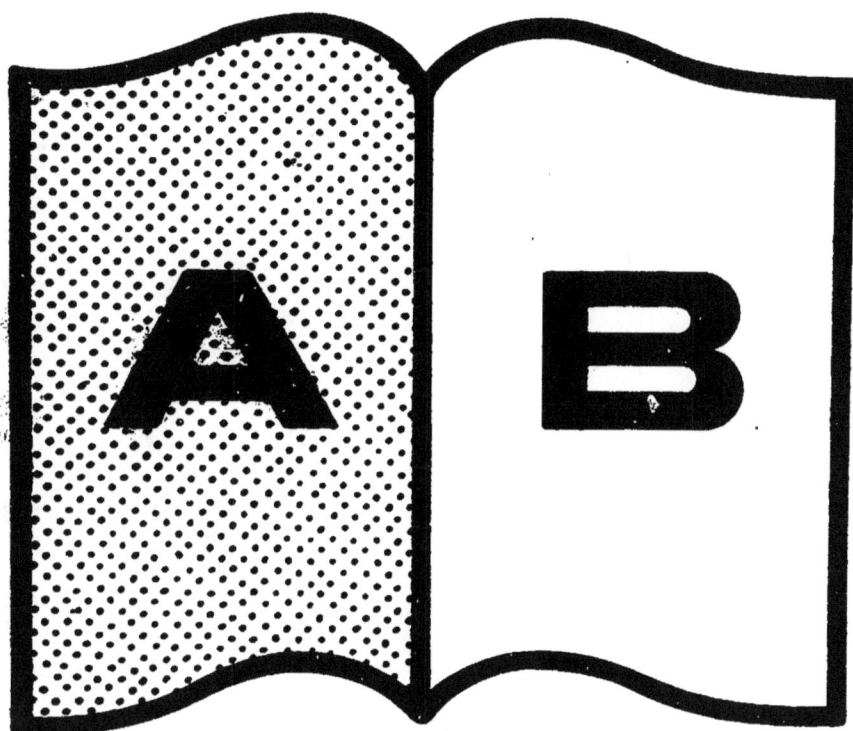

Contraste insuffisant

NF Z 43-120-14

www.ingramcontent.com/pod-product-compliance
Lightning Source LLC
Chambersburg PA
CBHW070608100426
42744CB00006B/428